Christian Badura

Fotoprotokolle: Seminare lebendig dokumentieren

Kreativer Einsatz in Trainings, Workshops und Besprechungen

managerSeminare Verlags GmbH, Bonn

Christian Badura

- Studium der Betriebspädagogik
- Weiterbildungen in den Bereichen Gruppendynamik, Transaktionsanalyse, NLP und Systemische Beratung
- Seit 20 Jahren selbständiger Trainer
- Geschäftsführer der CDHT Personalentwicklung GmbH

Tätigkeitsschwerpunkte:
Konzeption und Leitung von Seminaren und Workshops in den Bereichen Führung, Teamentwicklung, Prozessoptimierung zwischen Teams, Konfliktklärung. Selbsterfahrungsorientierte Seminare zur Persönlichkeitsentwicklung, Gestaltung und Einbeziehung von Outdoorelementen in die Seminararbeit.

Christian Badura
Fotoprotokolle: Seminare lebendig dokumentieren
Kreativer Einsatz in Trainings, Workshops und Besprechungen

© 2002 managerSeminare Verlags GmbH
Endenicher Str. 282, D-53121 Bonn

Tel: 02 28 / 9 77 91-0, Fax: 02 28 / 9 77 91-99
E-mail: info@managerseminare.de
http://www.managerseminare.de

ISBN 3-931488-91-8

Lektorat: Ralf Muskatewitz
Cover: Leszek Skurski
Druck: druckhaus köthen GmbH, Köthen

Inhalt

Vorwort

Seminare, die immer und immer wieder den gleichen Ablauf oder die gleichen Module liefern, werden bei gut bezahlten Spezialisten und erfahrenen
Trainern immer weniger nachgefragt. Stattdessen
hat der Bedarf an prozessorientierten Seminaren
und kurzfristigen Workshops im Zuge von Fusionen,
Umstrukturierungen und Projektmanagement dras-
tisch zugenommen. Damit kommen vorbereitete
Teilnehmerunterlagen aus der Mode, simultan pro-
duzierte Fotoprotokolle nehmen ihre Stelle ein.
Mehr als das: Sie können gleichzeitig Protokoll, Er-
lebnisanker und Nachschlagewerk sein, wenn, ja
wenn ...

Wenn schon, dann schnell und richtig

Wenn man Fotoprotokolle professionell einsetzen
will, sollte man es auch richtig tun. In der Praxis
ist dies leider noch oft genug noch ein frommer
Wunsch. Typische und vermeidbare Fehler:

Abb. 1: Souvenir aus einem Workshop von 1997

• Die Fotoprotokolle erreichen den Teilnehmer viel
  zu spät. Sechs Wochen nach der Veranstaltung
  produzieren sie nur noch ein müdes »Ach ja, da
  war doch vor einiger Zeit ...«

• Sie präsentieren sich im tristen Erscheinungsbild. Lieblose und undeutliche Schwarz-Weiß-
  Kopien können es mit dem sorgfältigen Layout
  vorgedruckter Theoriepapiere nicht aufnehmen.

- Die Charts sind, aus dem Zusammenhang gerissen, aneinander gereiht und können nicht mehr der ursprünglichen Struktur zugeordnet werden.

- Es fehlt der Informationswert. Erarbeitete Gedanken und Ergebnisse sind nicht zu entziffern, weil zu klein geschrieben, zu schlecht fotografiert oder einfach lieblos gestaltet wird.

Werden diese Fehler vermieden, kann das Fotoprotokoll eine Dokumentationsalternative auch für herkömmliche Seminare sein. Die Bilder, die die Teilnehmer genau so im Seminar gesehen haben, haben individuellen Zuschnitt und bieten auf diese Weise einen größeren Behaltenswert, einen wirksameren Erinnerungs-Anker als abstrakte Theoriepapiere – etwas liebevolle Sorgfalt bei der Chartgestaltung vorausgesetzt.

Zusätzliche Anwendungsgebiete für Fotodokumentationen finden sich überall dort, wo zeitnahe Protokollierung allen Beteiligten nützt. So könnten viele Besprechungen – besonders wenn professionell visualisiert wird – simultan fotografiert und das Protokoll sofort im Anschluss ausgedruckt oder digital über Firmennetzwerke und E-Mail verteilt werden. In wie vielen Projektbesprechungen sind die zu spät eintreffenden Protokolle tägliches Ärgernis?

Mit dem entsprechenden Know-how können Sie sehr zeitnah protokollieren. Dabei ist es übrigens auch kein Problem, andere Dokumente wie Folien oder vorbereitete Handouts in ein Fotoprotokoll zu integrieren.

Sie brauchen sich bei all dem weder vor der Technik noch vor dem Arbeitsaufwand zu fürchten. Man braucht kein Informatiker zu sein, um mit einer Digitalkamera zurecht zu kommen. Wer mit einer Kleinbildkamera ein Urlaubsfoto schießen kann, kann auch mit einem digitalen Fotoapparat umgehen.

Die Nachbearbeitung am PC lässt sich mit der richtigen Software, bzw. mit den richtigen Programmfunktionen, leicht auf wenige »Handgriffe« reduzieren und automatisieren.

In diesem Buch werden Sie deshalb genau solche Werkzeuge und Ihren Gebrauch kennen lernen. Bei den benutzten und empfohlenen Programmen habe ich zu preiswerten bis kostenlosen Alternativen gegriffen – nicht weil ich dem allgemeinen Billig-Billig-Trend Nahrung geben möchte, sondern weil sie sich unkompliziert und schnell handhaben lassen. Die Anfertigung von Dokumentationen ist ja schließlich keine Kernkompetenz von Trainern und Moderatoren; deshalb sollte sie nur wenig Zeit und Energie beanspruchen. Aber professionell soll und muss sie sein.

Abb. 2: CDHT-Geschäftsführer Badura im Train-the-Trainer-Seminar

Links zu den Anbietern und aktuelle Tipps finden Sie im Internet unter www.fotoprotokoll.com.

Viel Spaß nun beim Erarbeiten der Fotoprotokolltechnik und viele neue Erkenntnisse wünscht Ihnen

Christian Badura

1. Ein neuer Standard
setzt sich durch

1.1. Zukunftsmethode Fotoprokolle

Die rasante Entwicklung in der Technik der Digitalkameras ist dabei, einen Teil der Administration
von Trainern, Fortbildungsabteilungen, Personalent-
wicklungen, vielleicht auch von Projektleitern zu
revolutionieren: Die Dokumentation, die Anfertigung von Protokollen. Ein ungeliebter Bereich
sicherlich. Die eigentliche Arbeit ist schon getan,
das Geld ist verdient, die Aufmerksamkeit längst
auf den nächsten Kernprozess gerichtet. Oder auch
auf die verdiente Entspannung. Und dann wartet da
noch dieser zeitraubende Arbeitsaufwand.

Schon längst sind viele aus den genannten Berufs-
gruppen auf die Fotodokumentation umgestiegen.
Gerade im Seminar- und Trainingsbereich ist es
Standard geworden, Simultanprotokolle mit dem Fotoapparat zu erstellen. Aber auch alle jene, die viele
Besprechungen leiten, entdecken zunehmend diese
Dokumentationstechik. Sie passt ja auch hervorra-
gend in die Landschaft, nachdem einerseits Sekre-
tärinnen knapp und andererseits Flipcharts und
Pinwandplakate reichlich geworden sind. Für letzte-
res war jahrelange Überzeugungsarbeit von Anbietern wie Metaplan, ComTeam, Neuland & Co. nötig.

Heute liegt der Vorteil auf der Hand: In Sekunden-
schnelle sind vorhandene Visualisierungen abgelich-
tet und auf dem PC zu allen anderen, ebenfalls

elektronisch vorhandenen Folien, Tabellen und Grafiken sortiert.

Dies gilt allerdings erst, seit die Digitaltechnik in ausreichender Qualität und dabei auch zu erschwinglichen Preisen zur Verfügung steht. Es ist höchstens fünf Jahre her, dass eine Kamera mit digitaler Aufnahmetechnik ab 20.000,- EUR aufwärts kostete, wenn annähernde Fotoqualität gefragt war. Mit herkömmlichen Fotoapparaten war der Vorgang für Referenten und Trainer noch reizvoll genug – auf einen Tag oder gar eine Woche kam es niemanden an.

In der Projektarbeit ist dieses Vorgehen viel zu langwierig und umständlich. Zumal die Fotoabzüge erst noch gescannt werden müssen, um auf den PC zu gelangen. Inzwischen schätzen es auch Fortbilder und Trainer, wenn die Dokumentation bereits zwei, drei Arbeitstage nach dem Workshop bzw. dem Projektmeeting oder schneller beim Teilnehmer auf dem Tisch liegt. Schließlich hat sich ja auch deren Kerngeschäft verändert.

Bestand der Alltag in grauer Vorzeit – also vor ungefähr zehn Jahren – überwiegend aus regelmäßig durchgeführten Seminaren mit jeweils gleichem Inhalt, sind heute Workshops die Regel, in denen immer wieder anderes passiert. Damals ließen sich Teilnehmerunterlagen schaffen, die vorproduziert und im Seminar verteilt werden konnten. Weitere Dokumentation waren überflüssig, Fotoprotokolle eher ein Gag, ein give-away zur Unterstützung emotionaler Verankerung.

Eine Zeit lang konnten sich Dozenten und Trainer mit der Reiseapotheke über Wasser halten, in der Handouts zu den häufigsten Themen darauf warteten, spontan ausgeteilt zu werden; heute diese, morgen jene. Im Workshop der Gegenwart entstehen Ideen, Problemlösungen und Pläne vor Ort. Damit die Ergebnisse sofort benutzt und umgesetzt werden können, ist eine schnelle und brauchbare Dokumentation unerlässlich. Und sie ist möglich – durch die Digitalfotografie.

Nun sind Trainer und Personalentwickler nicht unbedingt Freunde elektronischer Welten. So mancher steht schon mit der Videokamera und dem Anrufbeantworter auf Kriegsfuß; wie soll er sich dann an die Technik digitaler Bildbearbeitung auf dem PC wagen? Und selbst wenn die technische Seite kein Problem darstellt – wie steht es mit dem Zeitaufwand? Ich selbst habe noch vor zwei Jahren auf den klassischen Fotoapparat bestanden, wenn es um meine Fotoprotokolle ging. Meine Argumentation: Ich gebe einen Film im Fotoladen ab, und die Arbeit hat das Labor. Ich muss dann zwar noch sortieren, ausschneiden und kopieren, brauche für problematische Fotos zwei, drei Versuche, bis sie lesbar werden, aber das ist doch in zwei Stunden oder weniger geschafft! Was soll das erst am PC geben, auf dem man Arbeiten schnell und zügig erledigt, die man ohne PC gar nicht hätte? Dann mache ich ja quasi die Arbeit des Labors mit?

Das stimmt, und stimmt wiederum nicht. Wenn man sich auskennt, überwiegen die Vorteile. Ob Sie es glauben oder nicht – es gibt tatsächlich Programme, die einfach zu bedienen sind und die die Arbeit erleichtern, manches sogar erst neu möglich machen. Und mit ihnen geht es wirklich schnell. Ich halte es heute für ein Qualitätsmerkmal im Wettbewerb der vielen Anbieter, dass meine Dokumentation am übernächsten (!) Arbeitstag nach dem Seminar auf dem Tisch des Kunden liegt. Wenn ein Wochenende dazwischen liegt, weil wir Freitag eine Veranstaltung beendet haben, dann sogar am nächsten, am Montag. Glauben Sie mir, die Teilnehmer wissen das zu schätzen. Dabei brauche ich für ein durchschnittliches Fotoprotokoll eine gute Stunde insgesamt. Davon kann ich ein Drittel oder mehr bereits während der Veranstaltung erledigen, nebenbei sozusagen.

1.2. Weitere Vorteile auf einen Blick

Darüber hinaus bietet sich mir noch eine Reihe von Vorteilen, die es so früher nicht gab:

• Eine *Interventionsdatenbank*, d.h. eine Kartei von Fragestellungen, Aufgaben und Übungen, wächst mit jedem Protokoll und steht mir jederzeit als Methodenfundus zur Verfügung – ohne weiteren Aufwand thematisch gegliedert und aktuell.

• Mein *Seminararchiv* (»Was habe ich noch gleich im letzten Jahr mit der Gruppe gemacht?«) verstaubt nicht mehr im heimischen Keller, sondern ich habe es dabei; immer und automatisch, nicht nur wenn ich daran gedacht habe, es mitzuneh-

men. Das erlaubt ein effizientes Training und
bietet gute Ansätze für das Akquisegespräch.

- *Ergebnisse* können in Ruhe daheim im Büro,
  aber *auf den Originalcharts* (bzw. auf den Fotos
  davon) nachträglich kommentiert und ergänzt
  werden. So weiß ich Namen auch bei der nächsten Veranstaltung noch und so erinnere ich Teilnehmer an Tipps und Tricks, die wir im Seminar
  besprochen haben – mit verblüffender Wirkung.

- *human touch*: Teilnehmerfotos machen da, wo
  die Dokumentation sonst vielleicht nur unge-
  nutzt abgelegt worden wäre, neugierig, ins Protokoll zu schauen.

- Statt Kopie oder Ausdruck bekommt der Kunde
  eine *CD mit Farbfotos*, bequem anzuschauen wie
  ein Fotoalbum.

- Die *Kosten der Seminardokumentation* sind
  enorm gesunken. Zwischen 100,- EUR und
  200,- EUR Fotolaborkosten kamen monatlich
  schnell zusammen, dazu noch die Kopien, Ar-
  beitszeit nicht gerechnet. Ein CD-Rohling kostet
  gerade einmal 50 Cent.

Ich habe also Arbeit und Geld gespart und komme
außerdem in kürzester Zeit zu besseren Ergebnis-
sen. Das können Sie auch, wenn Sie dieses Buch benutzen. Diese Ausdrucksweise zeigt schon, dass es
hier nicht um Lesen im üblichen Sinne geht. Sie
werden – sofern Sie es denn überhaupt aushielten –
dieses Buch nicht lesen können wie einen Roman
oder ein Fachbuch zu einer Trainingsthematik. Le-

sen sollten sie nur das Inhaltsverzeichnis. Sie halten eine Anleitung in Händen, mit deren Hilfe Sie bestimmte Arbeitsschritte nachvollziehen können. Jeweils die, die Sie gerade benötigen oder die Sie ausprobieren wollen. Manches wird sich schnell einspielen, für diese Zwecke werden Sie das Buch nur ein- oder zweimal brauchen. Anderes werden Sie immer wieder einmal nachschlagen oder eines Tages neu entdecken.

Es wird Sie übrigens auch kein Vermögen kosten, die Tipps und Tricks aus diesem Buch zu verwenden. Glücklicherweise sind gerade die am besten geeigneten Werkzeuge erstaunlich günstig oder teilweise sogar kostenlos. Selbst die Kamera braucht kein Hightechwunder des neuesten Standards zu sein. Die technische Entwicklung ist so schnell, dass schon ein Vorvorjahresmodell Ihren Ansprüchen gerecht werden kann. Wenn Sie stattdessen den letzten Schrei, das Nonplusultra brauchen – bitte sehr. Das kostet mehr, aber selbst diese Anschaffung wird sich schnell bezahlt machen, wenn Sie bisher auf ähnliche Art gearbeitet haben wie ich damals.

Abb. 3:
Während des Seminars
war bestimmt
alles klar ...

Auch auf das Chart kommt es an: Natürlich kann die erwähnte Technik nur aufbereiten, was da ist. Sie macht aus schlechten Charts keine guten und bügelt die häufigen Visualisierungsfehler nicht aus.

Checkliste: Fragen im Vorfeld

Haben Ihre Plakate ...

- eine Überschrift?

- eine deutliche Aussage, die auch nach Wochen verstanden werden kann?

- eine gut lesbare Schrift?

- eine klare Struktur?

- Freiräume für das Auge, damit es Halt findet?

- ein bisschen Pep, damit man es gern anschaut?

2. Die Technik

2.1. Digitalkamera und PC

Mit Digitalkamera und PC lassen sich die eingangs erwähnten Flops besonders leicht ins Gegenteil verkehren. Wenn Sie sich auskennen und wissen, mit welchem Programm und mit welchen Handgriffen was zu tun ist, dann ist so ein Protokoll zwei Werktage nach der Veranstaltung beim Kunden. Oder, wenn Sie einen Laptop verwenden und den Drucker mit dabei haben, ist das Protokoll schon während der Arbeit bei den Teilnehmern.

Abb. 4: Beispiel
Digitalkamera

2.2. Ausrüstung

Eine Digitalkamera mit Zoom, die Bilder in einer Auflösung von 1064x840 Pixeln, das sind rund 2 Millionen, liefern kann, muss es mindestens sein.

Ich rate Ihnen zu Kameras, die rund 3 Millionen Bildpunkte, 3 Megapixel, speichern können. Heute (Juli 2002) kostet so ein Apparat zwischen 400,- EUR und 800,- EUR. Die Preise purzeln, weil schon weit leistungsfähigere Fotochips die Tausend-Euro-Grenze unterschreiten. Sie generieren bis zu fünf Millionen Bildpunkte und kommen damit in die Nähe der Bildqualität herkömmlicher Spiegelreflex-kameras. Weit mehr als für unsere Zwecke nötig ist.

Die Kamera sollte eine Zoomfunktion besitzen, blitzen können und gut wäre, wenn sich das Bild vor der Aufnahme auf einem Display begutachten ließe. Verzerrte Kanten und falsche Ausschnitte lassen sich damit weit besser vermeiden als mit dem Sucher.

Besonders komfortabel werden Sie mit einem Fotoapparat arbeiten, bei dem sich das Display oder das Objektiv schwenken und die Blitzstärke regulieren lässt. Außerdem gibt es Kameras, die einen Schwarz-Weiß-Modus bieten. Einige Modelle und technische Details finden Sie im Anhang beschrieben (Marktübersicht ab S. 147).

2.3. Software für weniger als 50 EUR

Jeder Digitalkamera liegt gewöhnlich ein kleines Softwarepaket bei. Zum einen ein Programm, mit dem Sie die Übertragung der Fotos vom Apparat zum PC bewerkstelligen, zum anderen ein oder mehrere Programme, mit denen Sie die entstandenen Bilder bearbeiten können. Letztere sind in der Qualität und Bedienerfreundlichkeit sehr unterschiedlich. Keines jedoch ist für unsere Zwecke gut geeignet, weil der Fokus dieser Programme immer auf der Bearbeitung eines einzelnen Bildes liegt. Genauso steht es auch mit der Grafiksoftware für professionelle und semiprofessionelle Anwender.

Wir haben es aber mit der Aufgabe zu tun, möglichst schnell und bequem eine ganze Reihe von Fotos bestimmten Bearbeitungsschritten zu unterziehen, und dabei jederzeit den Überblick über das Ganze zu behalten. Im Traineralltag merkt man schnell, dass das eine ganz eigene Anforderung darstellt.

Mein Favorit: ThumbsPlus 2002

Als ideale Software für die Arbeit mit Fotodokumentationen hat sich das Archivierungs- und Grafikprogramm »ThumbsPlus 2002« von Kelly Media erwiesen. Es kostet weniger als 50,- EUR. Diese Version des »Schweizer Taschenmessers für die Bildbearbeitung« ist im Frühjahr 2002 erschienen. Es ist gut möglich, dass Sie die Vorgängerversion (ThumbsPlus 2000) noch günstiger erwerben können. Sie ist für unsere Zwecke ebenfalls geeignet.

Thumbs leitet seinen Namen vom englischen Ausdruck Thumbnail (Daumennagel) ab, der sich als Bezeichnung für verkleinerte Vorschaubilder durchgesetzt hat, die auf dem Computerbildschirm anstelle von abstrakten Dateinamen angezeigt werden.

IrfanView

Eine (als Einzelplatzversion) kostenlose, aber etwas umständlichere und nicht so umfangreich ausgestattete Alternative ist das Programm »IrfanView«, das ständig weiterentwickelt wird und aus dem Internet heruntergeladen werden kann. Die geeigneten Web-Adressen dieses Herstellers und die der anderen finden Sie im Anhang ab S. 138.

Andere Bildbearbeitungssoftware

Bekannte Bildbearbeitungssoftware wie Paint Shop Pro von Jasc, Photoshop von Adobe, Photo Impact von Ulead, Corel Draw von Corel oder Fireworks von Macromedia sind natürlich auch in der Lage, die wichtigsten Bearbeitungsschritte für eine Fotodokumentation zu erledigen. Ich kann sie für diesen Zweck jedoch nicht empfehlen. Sie spielen ihre Stärken eher bei der Bearbeitung, Veränderung und Erzeugung einzelner Bilder aus, nicht so sehr beim Anpassen und Verwalten ganzer Bilderserien. Darüber hinaus sind sie in der Bedienung wesentlich komplizierter und anspruchsvoller (= zeitaufwändiger). Ohne ausführliche Einführung und permanentes Training sind gerade die Funktionen, die den Preis rechtfertigen, nicht zu beherrschen. Der wiederum liegt – abgesehen von Paint Shop Pro, das für rund 150,- EUR zu haben ist – zum Teil weit oberhalb von 500,- EUR.

2.4. Kein Luxus: Ein Laptop-Adapter und eine Netzwerkkarte

Üblicherweise wird die Datenübertragung zum PC heute über eine ▶ *USB-Schnittstelle* realisiert. Das funktioniert problemlos – Kabel einstecken, Software starten, übertragen, fertig – und zügig.

Wenn die Übertragung noch schneller erfolgen soll, lohnt es sich, den Laptop mit einer ▶ *PCMCIA-Karte* für das Speichermedium auszustatten. Sie wird wie eine Festplatte angesprochen, und der Datentransfer ist erheblich schneller als über das Kabel.

Eine weitere Alternative für Laptop und PC sind passende Kartenlesegeräte. Sie werden wiederum über die ▶ *USB-Schnittstelle* angeschlossen und ebenfalls wie Festplatten behandelt. Die meisten Geräte dieser Art können verschiedene Speichermedien aufnehmen, so dass sowohl ▶ *CompactFlash*- als auch ▶ *SmartMedia*-Karten von ihnen verarbeitet werden.

Wenn Sie im Büro Daten zwischen Laptop und PC austauschen möchten, um auf dem Desktop weiterzuarbeiten oder Ihre Dokumentationen zu archivieren, empfiehlt sich eine Netzwerkverbindung. Zu realisieren für rund 100,- EUR. Auch über solche Hardwarekomponenten finden Sie im Anhang (ab Seite 138) nähere Informationen.

3. Vorbereitung

3.1. Kamera-Grundeinstellungen

Im Setupmenu und im Arbeitsmenu der Digitalkameras lassen sich verschiedene Grundeinstellungen vornehmen, die für alle Fotos gültig sind. Im Folgenden gehe ich einmal alle Einstellungen durch, die für unsere Zwecke Bedeutung haben. Wenn bei Ihrer Kamera nur einige davon vorhanden sind, macht das nichts. Sie werden trotzdem gute Protokolle erstellen.

• Bildqualität

Je nach Leistungsfähigkeit Ihrer Kamera werden Sie Bilder mit ▶ *Auflösungen* zwischen und 1600x1200 und 2560x1920 Pixel aufnehmen können. ▶ *Pixel* nennen sich die Bildpunkte, die der Kamerachip darstellen kann: je mehr, desto näher kommt das Bild in Auflösung und Farbtreue an ein herkömmliches Foto heran. Mit der Menge der Pixel steigt aber auch die Größe der erzeugten Bilddatei.

Ich fotografiere mit einer 3-Megapixel-Kamera bei einer Auflösung von 2048x1536 Pixel.

• Kompression

Bei einigen Kameras können Sie voreinstellen, wie stark die Bilddatei komprimiert werden soll. Darunter versteht man ein mathematisches Verfahren, mit dem die Datenmenge reduziert wird. Bei

Bilddateien ist es gewöhnlich so, dass die Qualität unter der Kompression leidet – je komprimierter desto mehr. Da es bei der Seminardokumentation in erster Linie um Lesbarkeit (sprich: Schärfe) geht, müssen wir in dieser Hinsicht nicht besonders empfindlich sein. Um das Ausprobieren werden Sie jedoch letztlich nicht herumkommen. Ich wähle gewöhnlich eine mittlere Stufe.

Sehen Sie selbst, wie sich verschiedene Komprimierungsstärken von ▶ *JPG-Dateien* (komprimierte Bilddatei, siehe Anhang) auswirken. Die Beispiele wurden erzeugt, indem ein Bild mit einer Auflösung von 2048x1536 BIldpunkten auf dem PC mit Hilfe eines Bildbearbeitungsprogramms in verschiedenen Kompressionsstufen abgespeichert wurde:

Die Originaldatei hat unkomprimiert eine Größe von 9.0 MB (Megabyte). Bei der Größe von 2048x1536 Bildpunkten ist die Komprimierung auf etwas mehr als 50% in der Qualität nicht zu bemerken. Selbst bei den folgenden Beispielen ist noch genügend Schärfe vorhanden, um die Schrift lesen zu können. Die Unterschiede wären bei kleineren Ausgangsdateien – wie z.B. 1200x600 – deutlicher.

Abb. 5: Komprimierung
70%, Dateigröße 110 KB

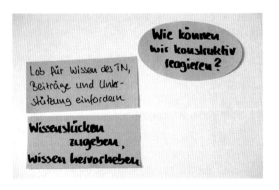

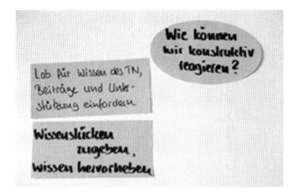

*Abb. 6: Komprimierung
50%, Dateigröße 100 KB*

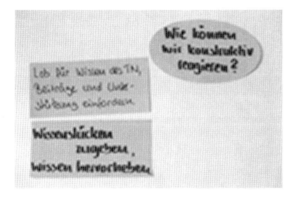

*Abb. 7: Komprimierung
30%, Dateigröße 90 KB*

• Lichtempfindlichkeit

Bei den meisten digitalen Fotoapparaten lässt sich
die Lichtempfindlichkeit einstellen. Das ist der
Wert, den wir sonst beim »normalen« Fotografieren
über den Film beeinflussen. Bei Sonnenschein einen
Film mit der Empfindlichkeit von 100 ASA (bzw. 21
DIN), bei Zwielicht 400 ASA (bzw. 27 DIN). Ich be-
nutzte die Einstellung 200 ASA, weil sich dann der
Blitz um eine Helligkeitsstufe leichter tut, d.h. we-

niger Energie verbraucht. Es schadet natürlich nichts, auch einmal mit der Einstellung 400 ASA, wenn die Kamera sie hergibt, zu experimentieren.

• Belichtungskorrektur

Wenn Ihre Kamera grundsätzlich zu helle oder zu dunkle Bilder liefert, können Sie in den meisten Fällen eine generelle Belichtungskorrektur einstellen. Oft lässt sich das in 1/3-Blendenschritten justieren, d.h. drei Stufen entsprechen einer Blendenöffnungsänderung.

Beim herkömmlichen Fotografieren korrigieren Sie die Blendenöffnung, indem Sie jeweils um einen Schritt, von z.b. Blende 4,8 auf ▶ *Blende* 8 oder von Blende 16 auf Blende 11, verstellen. Von Schritt zu Schritt erreicht jeweils die doppelte Lichtmenge den Film.

• Blitzmodus

Verwenden Sie die Einstellung »immer blitzen«. Sie wird meistens durch einen kleinen, stilisierten Blitz im Display gekennzeichnet. Sie vermeiden damit Verwacklungen, Schatten und sorgen für immer ausreichendes Licht.

• Blitzstärke

Wenige Kameras bieten Ihnen die Möglichkeit, die Helligkeit des Blitzlichts zu verändern. Wenn das bei Ihrer der Fall ist, wählen Sie die Einstellung »schwach« oder eine niedrigere als die normale

▶ *Leitzahl.* Sie reduzieren damit den Blendeffekt in der Bildmitte und den starken Helligkeitsunterschied zwischen Mitte und Rand.

• Motivprogramm

Manche Kameras verfügen über spezielle Motivprogramme, mit denen Standardsituationen (Porträt, Sport, Landschaft etc.) vorher definiert werden können. Da sich diese Vorgaben von Fabrikat zu Fabrikat unterscheiden, lässt sich nur schwer raten.

Wahrscheinlich wird eine Einstellung für Porträts oder Gruppenaufnahmen geeignet sein. Experimentieren Sie ungeniert, schließlich haben Sie bei einer Digitalkamera das unmittelbare Feedback in Form der Aufnahme vorliegen und verschwenden keinen Abzug.

3.2. Pinwandpapier

Wenn Sie mit Pinwänden arbeiten, denken Sie daran, die matte Papierseite zu verwenden. Vielleicht ist Ihnen noch nie aufgefallen, dass die beiden Papierseiten unterschiedlich glatt sind? Zugegeben, auf der glatten, leicht glänzenden Seite schreibt es sich besser, aber leider wird beim Fotografieren der Blitz reflektiert.

Deshalb lohnt es sich, auch wenn der Hausmeister des Hotels schon alle Pinwände (falsch) bespannt hat, zur Not die Bögen noch einmal umzudrehen.

Abb. 8: Die glänzende Papierseite reflektiert den Blitz

Dabei können Sie dann gleich noch den 10cm-Abstand von der Oberkante einhalten, damit Sie Platz für die Nadeln haben, etwas, was Hotelhausmeister und Banquettservice-Personal nur selten kennen und berücksichtigen.

4. Fotografieren

4.1. Motive richtig fotografieren

Es ist gar nicht so schwer, bereits im Prozess des Fotografierens auf einige grundlegende Dinge zu achten, damit das Fotoprotokoll später auch zu einem Erfolg wird. Die wichtigsten Tipps stelle ich Ihnen hier vor.

• Bildreihenfolge

Bei der digitalen Fotografie ist es von größerer Bedeutung als beim herkömmlichen Fotografieren, die Bildreihenfolge zu beachten. Wenn es irgend geht, sollten Sie deshalb die Fotos in der Reihenfolge anfertigen, in der sie später in der Dokumentation erscheinen sollen.

Während Sie Fotoabzüge einfach auf dem Schreibtisch sortieren konnten, ist das am PC etwas komplizierter. Sie erzeugen mit der Kamera Dateien. Die Dateien werden später am Bildschirm in der Reihenfolge ihrer Dateinamen angezeigt. Diese Namen werden zunächst von der Kamera automatisch vergeben. Es ist schon erheblich aufwändiger und unübersichtlicher, diese Reihenfolge zu verändern, als bei Fotos auf dem Schreibtisch.

Im Grunde würde das keine Rolle spielen, wenn Sie die Bilder nur ausdrucken wollten und sonst nichts. Da Sie jedoch – spätestens nach der Lektüre dieses Buches – sicher auch noch andere Funktionen nutzen werden, z.B. das Trainerprotokoll mit vier Bildern pro Seite oder das Fotoalbum auf CD, wird die Reihenfolge der Bilder einen ganz anderen Stellenwert annehmen. Schon wenn Sie später die Dateinamen ändern wollen, werden Sie sich wesentlich leichter tun, wenn die Reihenfolge von Anfang an stimmt.

Das wird nicht immer ganz durchzuhalten sein, aber je weniger Fotos Sie später umstellen müssen, desto mehr Zeit sparen Sie und desto einfacher gestaltet sich mancher Arbeitschritt.

Sie wissen jetzt schon, dass Sie an einer bestimmten Stelle später ein Foto einfügen möchten, das Sie jetzt noch nicht aufnehmen können? Dann fotografieren Sie einfach die leere Wand oder einen »Spickzettel«. Damit produzieren Sie einen Platzhalter unter dem Dateinamen, den sie später leicht durch die gewünschte Bilddatei austauschen können. Das ist wesentlich zeitsparender als wegen eines einzufügenden Fotos zwanzig andere Dateien umbenennen zu müssen.

• Blitzen

Die Fotos lassen sich fast aus dem Handgelenk schießen, wenn Sie das eingebaute Blitzlicht verwenden. Da die meisten Kameras heute ziemlich lichtstark sind und die Seminarräume hell genug für Aufnahmen ohne Blitz, schalte ich die Kamera auf »Zwangsblitz«, damit die Aufnahmen auf jeden Fall hell genug und nicht verwackelt erscheinen. Dadurch spielen auch Schatten, die im Seminarraum auf das Chart geworfen werden, keine Rolle.

Damit andererseits die Stromversorgung nicht zu
früh in die Knie geht, stellen Sie als Lichtempfindlichkeit am besten 200 ASA ein (Sie können auch
mit 400 ASA experimentieren).

Sollte sich die Blitzstärke (▶ *Leitzahl* genannt) bei
Ihrer Kamera variieren lassen, so stellen Sie sie auf
einen niedrigen Wert bzw. auf die Einstellung
»schwach«. Sie reduzieren damit die Gefahr einer
blendend hellen Bildmitte.

Beim Fotografieren von Pinwänden achten Sie bitte
schon beim Bespannen der Wände darauf, dass die
matte Papierseite nach außen zeigt. Die glänzende
Seite reflektiert den Blitz wesentlich stärker und
beeinträchtigt damit die Bildqualität erheblich.

Abb. 9: Große
Helligkeitsunterschiede
bei geringer Entfernung

• 3 Meter Abstand

Drapieren und Ausleuchten sind nicht nötig. Flip-charts und Pinwandpapier lassen sich auf den Ständern oder von der Wand fotografieren. Drei Meter Abstand verhindern einen zu harten Lichtabfall von der Mitte der Bilder zu den Rändern.

Bei geringerer Distanz beleuchtet der Blitz die Mitte überproportional (s. Abb. 9). Hier kommt die Zoom-Funktion der Kamera zum Einsatz, denn bei einer Kamera ohne Zoom würden weder Pinwand noch Flipchart aus dieser Entfernung formatfüllend abgebildet.

• Mit dem LCD-Display ausrichten

Abb. 10: Fliehende Kanten bei falscher Kamerahaltung

Die meisten Fotos werden Sie hochkant aufnehmen, damit die Bildfläche optimal ausgenutzt wird.

Im ▶ LCD-Display lässt sich kontrollieren, ob die Kamera in der richtigen Höhe (mittig) gehalten wird. Minimales Kippen in der horizontalen und vertikalen Achse lässt die Seitenränder der Charts auseinander laufen und die Bilder verzerren. Im Sucher ist das etwas schwerer zu kontrollieren.

Besonders jetzt werden Sie es zu schätzen wissen, wenn sich das Display Ihrer Kamera oder das Objektiv schwenken lässt. Sie brauchen sich dann nicht mehr zu verrenken.

Der Ausschnitt muss nicht so genau stimmen, darf ruhig etwas zu groß sein. Das lässt sich später mit der Software leicht korrigieren.

• Kamera ruhig halten

Je nach Kameramodell kann das Auslösen – gerade mit Blitz – etwas verzögert erfolgen. Erst einige Sekundenbruchteile nach dem Druck auf den Auslöser entsteht das Bild. Stellen Sie sich darauf ein und halten Sie die Kamera etwas länger ruhig, als Sie es von anderen Fotoapparaten gewohnt sind.

Sie reduzieren das Risiko einer verwackelten Aufnahme, indem Sie den Auslöser zunächst nur soweit drücken, dass die Belichtungs- und Schärfemessung erfolgt. Dies wird bei den meisten Kameras durch ein grünes Licht neben dem Sucher quittiert. Wenn Sie den Auslöser erst dann vollends durchdrücken, erfolgt die Aufnahme in gewohnt zügigem Abstand.

• Bild kontrollieren

Die meisten Kameras zeigen das aufgenommene (gespeicherte) Bild kurz auf dem Display an. Manchmal lässt sich dieses Merkmal im Setup aus-, bzw. anschalten. Nötigenfalls schalten Sie kurz auf Bildbetrachtung um, damit Sie kontrollieren können, ob das Bild hell und kontrastreich genug ist, der Ausschnitt stimmt und die Kanten von Flipchart oder Pinwand senkrecht abgebildet werden.

Wenn Sie im Zweifel sind, ob die Bildschärfe ausreicht, um beispielsweise auch etwas kleiner geschriebene Moderationskarten noch lesen zu können, kontrollieren Sie das am besten noch vor der nächsten Aufnahme. Im Wiedergabemodus bieten fast alle Kameras dafür eine Zoomfunktion.

• Genügend Akkus mitnehmen

Natürlich halten die Batterien länger, wenn Sie das ▶ *LCD-Display* nicht benutzen. Es ist wohl neben dem Blitz der größte Stromfresser in der Kamera. Also: Ersatzakkus und/oder ein Ladegerät mitführen! Bei den von mir getesteten Digitalkameras liefern die Akkus Strom für mindestens 30 bis 40 Aufnahmen.

• Speichermedien

16 MB Kapazität fassen zwischen 30 und 50 Bilder in der Auflösung, wie wir sie für Dokumentationszwecke brauchen. Wenn Sie zwei bis drei dieser Chips (als ▶ *SmartMediaCard*, Flash-Card oder Speicher-Stick, s. Glossar) oder entsprechend größere bereit halten, können Sie auch Mammutprotokolle anfertigen, ohne in Verlegenheit zu kommen.

Natürlich ist es von Vorteil, wenn Sie zwischendurch die Aufnahmen auf einen PC oder Laptop übertragen können. Sie können auf dem Bildschirm eine genaue Kontrolle der Bildqualität vornehmen. Das löst zum einen Speicherprobleme, zum andern können gleich erste Bearbeitungsschritte erfolgen, die Ihnen später im Büro Zeit sparen.

Ausdrucke für die Teilnehmer herstellen zu können, wird in mancher Workshopsituation Gold wert sein. Auch die Möglichkeit, zwischendurch im Seminarraum schon einmal eine kleine »Diashow« zu veranstalten – z.B. nach einer Outdoorsequenz – spricht für einen Laptop als Begleiter.

Checkliste Fotografieren

- Bei Pinwandpapier die matte Seite verwenden

- In der richtigen Reihenfolge fotografieren (bei Bedarf Platzhalter verwenden)

- Auflösung (mind. 1200x1600 Bildpunkte)

- Zwangsblitz verwenden (Automatik aus)

- Ca. 3 m Abstand halten, damit der Blitz das ganze Chart gleichmäßig beleuchtet

- Kamera anhand des LCD-Displays ausrichten und auf gerade Kanten achten

- Bildausschnitt mit dem Zoom etwas größer als benötigt wählen

- Kamera auch nach dem Auslösen noch ruhig halten, bis die Aufnahme erfolgt ist

- Bild sofort kontrollieren

- Ersatzakkus und/oder ein Ladegerät mitführen

- Zwei bis drei Speicherchips mitführen

4.2. Bilder auf den PC übertragen

Mit jeder Kamera werden Übertragungskabel mitgeliefert. Als Übertragungsweg bieten fast alle Kameras ein Kabel zur ▶ *USB-Schnittstelle* des Computers. Dies ist ein passabler Weg. Er führt aber immer über die mitgelieferte Software des Kamera-Herstellers. Komfortabler und schneller ist es, die Speichermedien direkt im Laptop oder PC mit dem Explorer auszulesen.

Drei Lösungen sind dazu verbreitet:

1. Für ▶ *SmartMedia-Speicherkarten* gibt es Disketten-Adapter. Sie nehmen die Karte auf und passen in jedes 3,5-Zoll-Diskettenlaufwerk. So bequem das klingt – es ist das langsamste aller Verfahren.

2. Spezielle externe Kartenlese-Geräte nehmen oft mehrere Speicherkarten-Systeme auf und werden üblicherweise über den ▶ *USB-Port* verbunden. Das Speichermedium wird wie eine Festplatte angesprochen. Die Datenübertragung ist oft schneller als über das Kabel. Genauso gut macht sich der ▶ *Memory Stick* von Sony, wenn er vom PC direkt oder vom Adapter gelesen werden kann.

3. In die ▶ *PCMCIA*-Schnittstelle von Notebooks lassen sich spezielle Adapter für ▶ *Compact-Flash*- und ▶ *SmartMedia-Karten* einsetzen. Sie bieten die höchsten Übertragungsraten.

5. Bearbeiten

5.1. Erste Kontrolle auf dem LCD-Display der Kamera

Schon auf dem Display der Kamera lässt sich grob kontrollieren, ob eine Aufnahme gelungen ist. Nachbesserung (löschen und neu aufnehmen) ist sofort möglich. Später – in der Seminarpause oder daheim im Büro – werden die Bilder in den PC zur Bearbeitung und zum Ausdruck übertragen.

Für 90% der Fotos sind drei bis vier Bearbeitungsschritte erforderlich:

1. Verkleinerung der Bilddateien, um Speicherplatz zu sparen und Übertragungszeiten zu reduzieren.

2. Drehen um 90 Grad, weil die meisten Fotos hochkant aufgenommen werden.

3. Bestimmen des endgültigen Bildausschnitts.

4. Aufhellen der Farben und Kontrastverbesserung (Das ist von Fotoapparat zu Fotoapparat verschieden).

Ich empfehle Ihnen die elektronische Archivierung Ihrer Dokumentationen. Sie sorgen dadurch für eine ständig aktualisierte Methodenkartei.

Außerdem werden Sie zunehmend Protokolle auf CD versenden, statt sie auszudrucken. Dann sind noch zwei weitere Arbeiten notwendig:

5. Umbenennen der Bilddateien, wenn sie archiviert werden sollen. Von der Speicherkarte aus erhalten die Bilder nur einen Dateinamen mit abstraktem, fortlaufendem Nummerncode.

6. Zuordnung der Bilder zu verschiedenen virtuellen Sortierungen, um sowohl alle Bilder eines Workshops als auch einzelne Themenplakate aus verschiedenen Workshops wiederfinden zu können: »Wie war noch gleich das Einstiegsplakat, das ich vor ein paar Wochen gestaltet hatte?«

5.2. Arbeiten mit Befehlsstapeln (Batchmodus)

Mit den beiden erwähnten (und anderen) Programmen können Sie die ersten beiden (wenn nötig, zusammen mit dem vierten) Bearbeitungsschritte zu einem Befehlsstapel (Batch) zusammenfassen, um sie dann automatisch ablaufen zu lassen. In einem Rutsch können so die Kommandos »Verkleinern«, »Drehen« und »Verbessern« auf alle Bilder angewendet werden, die es nötig haben.

5.2.1. Stapelverarbeitung mit ThumbsPlus 2002

Die Befehlsstapel lassen sich bei ThumbsPlus 2002 speichern und jedes Mal wieder neu abrufen. Die Konsequenz: Bearbeitung in wenigen Minuten und ohne eigenes Zutun. Sie können derweil schon etwas anderes machen.

Abb. 11: Mehrere Arbeitsschritte automatisch ablaufen lassen: Batchverarbeitung

Markieren Sie zuerst die Dateien, auf die die Befehle angewendet werden sollen. Also alle Bilddateien, die verkleinert, gedreht und im Kontrast verstärkt werden müssen. Da das in der Regel fast alle Dateien sind, geht es am schnellsten, wenn Sie die Tastenkombination [Strg]+[a] drücken, und anschließend jene Bilder, die nicht dazugehören sollen, einzeln mit der Maus anklicken, während Sie die [Strg]-Taste gedrückt halten.

Unter dem Menüpunkt »Bild« finden Sie den Eintrag »Batch-Modus für die Stapelverarbeitung«. Alternativ rufen Sie diese Funktion mit der Taste [F12] auf.

Sollte sich das Fenster als eine Art Karteikasten mit Reitern zeigen (s. Abb. 12), dann müssen Sie im Menü »Optionen« unter Einstellungen »Allgemein« das Feld »Assistenten benutzen« anklicken. Wenn

Sie mit dem Programm vertraut sind und alles nach Ihren Bedürfnissen eingerichtet haben, lässt sich die Stapelverarbeitung ohne Assistenten noch schneller starten, weil Sie jederzeit dazu den Knopf [OK] drücken können, statt sich durch alle Einstellungsbildschirme bewegen zu müssen.

Abb. 12: Vorgabe:
Assistenten benutzen

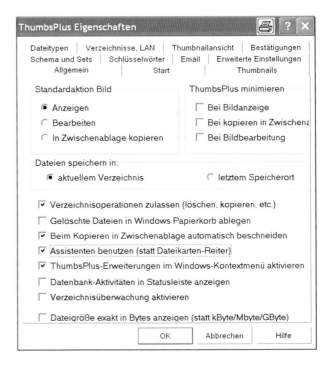

Nun sollte das erste Dialogfenster »Batch-Prozess« so aussehen (ohne Eintragungen):

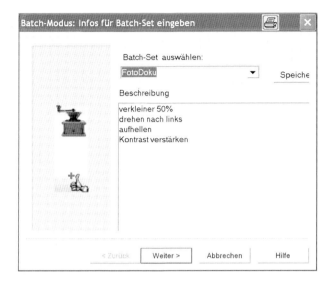

*Abb. 13: Der Assistent
führt durch die
Einstellungsschritte*

Geben Sie in das erste Feld einen Namen ein, unter
dem Sie den Befehlsstapel später wiederfinden
möchten, z.B. »FotoDoku«, und notieren Sie im Feld
»Beschreibung« die einzelnen Befehle, damit Sie
auch in ein paar Tagen noch wissen, was sich hinter
der Bezeichnung verbirgt. Sie erreichen das Be-
schreibungsfeld mit der [Tab]-Taste. Zuerst gelangen Sie dabei auf den Button »Speichern«, den Sie
mit der Eingabetaste bestätigen.

Nachdem Sie auf [Weiter] geklickt haben, legen Sie
fest, auf welche Dateiauswahl sich die Befehle beziehen sollen. Ich benutze die Option »Ausgewählte
Dateien«, die sich auf die anfangs gesetzte Markierung bezieht. Damit habe ich die ausdrückliche
Kontrolle darüber, welche Dateien bearbeitet werden und welche nicht.

BEARBEITEN

Zu bearbeitende Dateien

⦿ Ausgewählte Dateien

◯ Aktuelles Verzeichnis

◯ Aktueller Verzeichnisbaum

☐ Maske für Dateinamen:

< Zurück   Weiter >   Abbrechen   Hilfe

Abb. 14: Welche Fotos
sollen bearbeitet werden?

Als nächstes werden die einzelnen Prozessschritte festgelegt. Sie klicken wieder auf [Weiter].

Rechts neben dem noch leeren Fenster »Prozesse« betätigen Sie mit der Maus den Button [Hinzufügen] und wählen aus der Liste den Menüpunkt »Bearbeiten« und aus dem aufklappenden Untermenü die Funktion »Kontrast verbessern« aus.

Abb. 15: Nacheinander
werden die Arbeitsschritte
vorgegeben

C. Badura: Fotoprotokolle. Seminare lebendig dokumentieren

Auf die gleiche Art fügen Sie – soweit bei Ihrer Kamera sinnvoll – »Verschiedenes« »Farbkorrektur«
hinzu. Hier öffnet sich ein neues Fenster, bei dem
Sie auf den Reiter [Gamma] klicken. Tragen Sie in
das Feld »Anpassung« den Wert »+30« (oder mehr)
ein und bestätigen Sie die Auswahl mit [OK].

Diese Gamma-Korrektur hellt besonders die Mittel-
töne auf und eignet sich besser als eine reine Hel-
ligkeitsregelung. Natürlich brauchen Sie diesen Ver-
besserungsschritt nur, wenn Ihre Kamera zu dunkle
Bilder liefert. Sollten einzelne Bilder der Aufhellung
bedürfen, können Sie diese Korrektur später geson-
dert vornehmen.

Sie können stattdessen oder zusätzlich auch den
Befehl »Bearbeiten« »Kontrast verbessern« einsetzen. Er sorgt gleichzeitig für eine leichte Aufhellung. Probieren Sie es einmal an einem Einzelbild
aus. Im Bearbeitungsmodus finden Sie den Befehl
im Menü »Bild«.

Nun fügen Sie den Befehl für die Drehung ein. Rufen Sie mit der Maus »Zufügen« »Ändern« »Drehen/
Vergrößern...« auf.

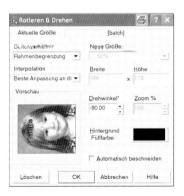

Abb. 16: Bilder um 90°
drehen

In dem kleinen Fenster, das sich nun auftut, sind die folgenden Einstellungen vorzunehmen, indem Sie zunächst auf den kleinen Pfeil klicken und dann aus der Liste wählen:

1. **Seitenverhältnis**: Rahmenbegrenzung
(wichtig, damit nichts vom Bild abgeschnitten wird)

2. ▶ *Interpolation*: Beste Anpassung ...
(Das bezieht sich auf die erforderliche Neuberechnung des Bildes)

3. **Drehwinkel** (°): -90
(wenn das Bild nach links gekippt werden soll. Sie sehen an dem kleinen Musterbild des jungen Mädchens, wie sich Ihr Befehl auswirkt)

Bestätigen sie auch diesen Schritt mit [OK].

Um ein oder mehrere Bilder nach links oder rechts zu kippen, gibt es noch einen anderen Weg außerhalb der Batchverarbeitung. Er wird auf S. 50 beschrieben.

Zuletzt fügen Sie den Befehl für die Größenänderung ein. Die Originaldateien würden, 1:1 ausgedruckt, ein Riesenposter füllen. Für den Normalfall brauchen wir solche großen Dateien nicht (anders wäre es, wenn Sie Ausschnittvergrößerungen aus einem Foto machen wollten).

*Abb. 17: Bilder
verkleinern, um Platz
zu sparen*

Rufen Sie mit der Maus wieder »Zufügen«, »Ändern« »Drehen/Vergrößern« auf. In dem kleinen
Fenster, das Sie vom letzten Schritt noch kennen,
sind diesmal folgende Einstellungen vorzunehmen:

1. **Seitenverhältnis**: Beide
   (damit die Bildproportionen erhalten bleiben)

2. ▶ *Interpolation*: Beste Anpassung ...
   (Das bezieht sich auf die erforderliche Neuberechnung des Bildes)

3. **Neue Größe**: 50%
   (Bei Kameras mit Bildauflösungen von rund drei
   Millionen Pixeln, bei weniger lieber 67%)

4. **Drehwinkel** (°): 0
   (Achtung: die zuletzt gewählten Einstellungen
   bleiben erhalten. Achten Sie darauf, dass hier
   wirklich »0« gewählt ist und nicht ein früher
   eingestellter Wert.

Bestätigen sie wieder mit [OK].

Im nächsten Fenster werden Angaben zur Ausgabedatei erfragt. Das Zielformat geben Sie so wie das Ursprungsformat an. Das wird in aller Regel das Format »jpg: ▶ *JPEG Compressed*« sein. Manche Kameras produzieren auf Wunsch das TIF-Format, das hervorragende Qualität aber, bei Farbaufnahmen, auch immens große Dateien liefert.

Ich selbst verwende im Folgenden die Optionen »Dateien mit gleichem Namen überschreiben« und »Ziel: Ursprüngliches Verzeichnis«. Im Klartext bedeutet das, die Originaldateien werden direkt verändert. Der Ursprungszustand lässt sich nicht wieder herstellen. Wenn Sie lieber auf Nummer Sicher gehen wollen, wählen Sie z.B. die Einstellungen »Ziel: Anderes Verzeichnis:« und geben in die Zeile darunter den Namen eines Ordners an.

Abb. 18: Übersichtlich aber riskant: Originaldateien überschreiben

C. Badura: Fotoprotokolle. Seminare lebendig dokumentieren

Wenn Sie nun auf den Button [Fertig stellen] klicken, werden die Operationen auf alle zuvor markierten Bilddateien angewendet.

Im Teilfester »Tasks« links unten können Sie verfol-
gen, wie weit die Arbeiten fortgeschritten sind.

Wenn Sie außer den bis jetzt bearbeiteten auch andere Fotos haben, auf die nicht die gleichen Verar-
beitungsschritte angewendet werden sollen, markieren Sie diese nun. In vielen Fällen werden das einige Bilder sein, die Sie im sonst normalen Querformat aufgenommen haben. Teilnehmerfotos zum Beispiel. In so einem Fall lässt sich besonders zügig
markieren, indem Sie im Menü »Bearbeiten« den
Punkt »Markierung umkehren« aufrufen. Waren
soeben noch alle Dateien markiert, die gedreht werden sollten, sind es jetzt jene, die zuvor noch nicht
markiert waren.

Um auch diese Dateien der Stapelverarbeitung –
ohne Drehung – zu unterziehen, rufen Sie noch
einmal die Batch-Funktion auf und klicken sich
zum Fenster »Prozess-Schritte« vor. Dort markieren
Sie durch einfachen Mausklick den Arbeitsschritt
»Größe unverändert, gedreht um -90°« und betätigen die Schaltfläche [Löschen].

Sie brauchen später den Befehl nicht wieder hinzu-
zufugen. Sobald Sie in einer nächsten Sitzung den
Befehlsstapel unter seinem Namen aufrufen, ist er
wieder so, wie Sie ihn ursprünglich abgespeichert
haben.

Anschließend geben Sie mit [Weiter] und [Fertig stellen] den Startbefehl für die Bearbeitung der restlichen Fotos.

Drehen um 90° noch einfacher

In der neuesten Version von ThumbsPlus ist eine weitere, noch schnellere Funktion zum Kippen markierter Bilddateien vorhanden. Sie ist ein wenig versteckt, und Sie müssen Sie erst »ausgraben«:

Wählen sie aus dem Menü unter »Optionen« den Menüpunkt »Anpassen« und in dem folgenden Dialogfenster den Reiter »Symbolleiste anpassen«.

Wenn Sie anschließend den Schiebebalken unter den Icon-Symbolen mit der Maus nach rechts ziehen, finden Sie – fast am Ende – die beiden untenstehenden Drehsymbole. Ziehen Sie sie nacheinander mit der Maus in die Bildmenüleiste hinein und bestätigen Sie das Anpassen-Fenster mit [OK].

Wenn Sie jetzt Bilder markieren und anschließend auf eines der beiden Symbole klicken, werden die entsprechenden Bilddateien gedreht und neu gespeichert.

Abb. 19: Clevere Funktion – etwas versteckt

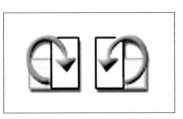

5.2.2. Stapelverarbeitung mit IrfanView

Mit dem Start von IrfanView erscheint auf dem Bildschirm zunächst nur ein kleines Fenster.

BEARBEITEN

Wenn Sie den Menüpunkt »Thumbnails« aus dem
Dateimenü auswählen, bekommen Sie ein zweites
Fenster angezeigt, in dem Sie die Bilddateien eines
Ordners als Miniatur-Vorschaubilder sehen. Sie können dort den Ordner aus einem Verzeichnisbaum
wählen, wenn Sie die entsprechende Ansichtsoption
anklicken.

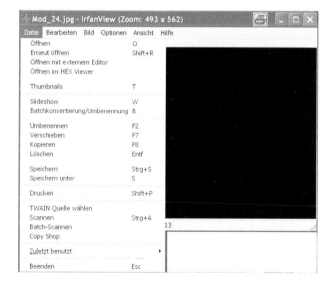

*Abb. 20: Das
Thumbnail-Fenster in
IrfanView öffnen*

Der Menüpunkt »Verzeichnisliste« blendet unter-
halb der Menüzeile ein Auswahlfenster ein, in dem
die bisher benutzten Verzeichnisse aufgeführt sind.
So kommt man schnell zu häufig benutzten Ordnern.

Abb. 21: Einstellung
des Dateimanagers im
Thumbnail-Fenster

Für die Stapelverarbeitung, also das automatische Abarbeiten verschiedener Befehle für mehrere Dateien auf einmal, rufen Sie aus dem Programmfenster im Dateimenü den Befehl »Batchkonvertierung/ Umbennung« auf. Mit dem folgenden Dialogfenster werden alle Parameter dieser Funktion gesteuert.

Abb. 22: Das
Dialogfenster zur
Batchverarbeitung

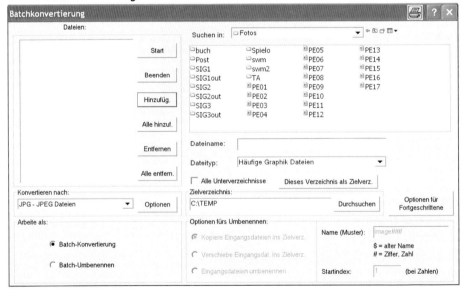

Markieren Sie zunächst die Dateien, die bearbeitet
werden sollen und übernehmen Sie sie mit einem
Klick auf die Schaltfläche [Hinzufüg.]. Stellen Sie
im Abschnitt »Konvertieren nach« über die Fläche
[Optionen] die gewünschte Qualität ein (s. S. 25)
und bestätigen Sie mit [OK].

*Abb. 23: Komprimierungs-
faktor einstellen*

Als Zielverzeichnis (Zielordner) für die bearbeiteten
Dateien ist der Ordner C:\Temp voreingestellt. Sie
können ein anderes Verzeichnis eintragen oder nach
Klick auf [Durchsuchen] auswählen, z.B. das, in
dem sich die Originaldateien befinden.

Anschließend finden Sie im Dialogfenster, das Sie
über die Schaltfläche erreichen, eine Reihe von
Funktionen (s. Abb. 24). Sie werden durch Anklicken und gegebenenfalls durch Einsetzen von Werten aktiviert. Sie können in diesem Fenster auch
festlegen, ob beim anschließenden Speichern der
veränderten Dateien die Originalfotos überschrieben
werden sollen (Verschiedenes).

Diese Einstellung spart Ihnen später das Löschen
von Originaldateien, dafür riskieren Sie natürlich,
dass bei Fehlfunktionen oder falschen Einstellungen
kein Zugriff mehr auf die ursprünglichen Fotodatei-
en möglich ist. Beenden Sie Ihre Auswahl mit [OK].

Ein Mausklick auf die Schaltfläche »Start« links oben im Dateien-Abschnitt lässt die ausgewählten Befehle automatisch ablaufen.

Abb. 24: Auswahlfenster
für die Batchverarbeitung

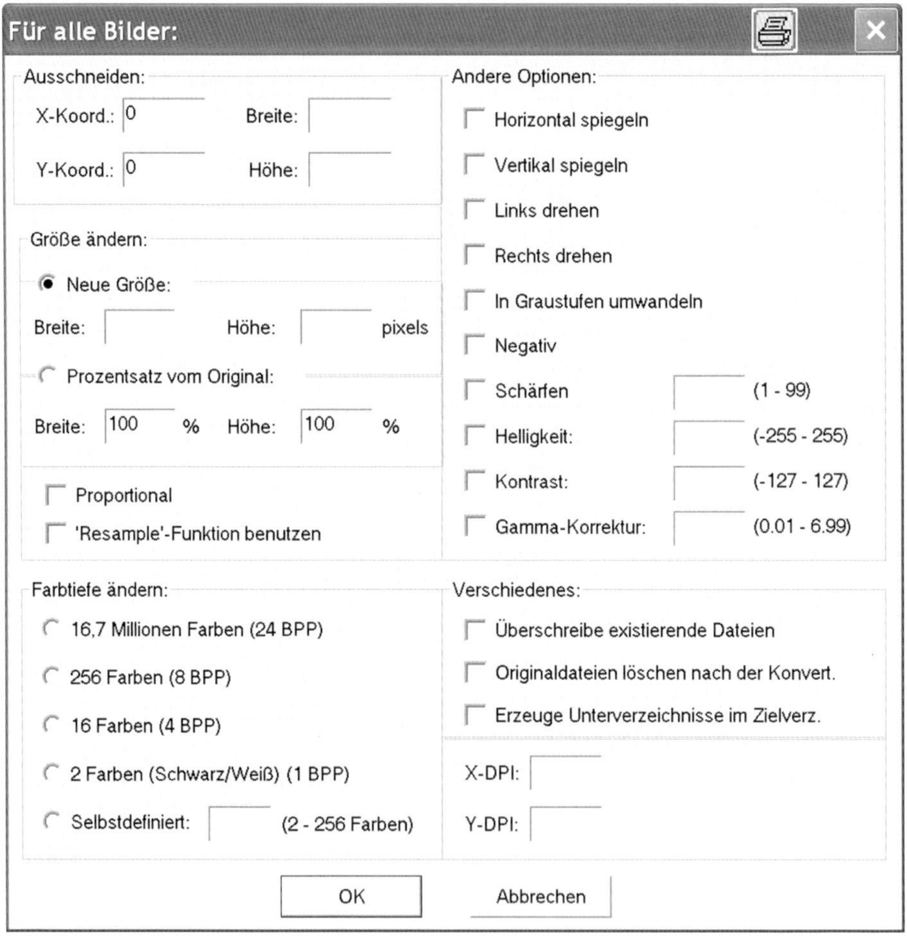

Für alle Bilder:

Ausschneiden:

X-Koord.: 0   Breite:

Y-Koord.: 0   Höhe:

Größe ändern:

● Neue Größe:

Breite: Höhe: pixels

◌ Prozentsatz vom Original:

Breite: 100 % Höhe: 100 %

☐ Proportional

☐ 'Resample'-Funktion benutzen

Farbtiefe ändern:

◌ 16,7 Millionen Farben (24 BPP)

◌ 256 Farben (8 BPP)

◌ 16 Farben (4 BPP)

◌ 2 Farben (Schwarz/Weiß) (1 BPP)

◌ Selbstdefiniert: (2 - 256 Farben)

Andere Optionen:

☐ Horizontal spiegeln

☐ Vertikal spiegeln

☐ Links drehen

☐ Rechts drehen

☐ In Graustufen umwandeln

☐ Negativ

☐ Schärfen   (1 - 99)

☐ Helligkeit: (-255 - 255)

☐ Kontrast: (-127 - 127)

☐ Gamma-Korrektur: (0.01 - 6.99)

Verschiedenes:

☐ Überschreibe existierende Dateien

☐ Originaldateien löschen nach der Konvert.

☐ Erzeuge Unterverzeichnisse im Zielverz.

X-DPI:

Y-DPI:

OK   Abbrechen

5.3. Bildausschnitte und Nacharbeit

Weitere Bearbeitungsschritte wie die Bestimmung des Bildausschnitts und, wenn nötig, spezielle Bildretuschen müssen individuell am einzelnen Bild vorgenommen werden.

5.3.1. ... mit ThumbsPlus 2002

Rufen Sie die Bilder eines nach dem anderen einzeln auf, indem Sie doppelt auf das Vorschau-Miniaturbild klicken. Es öffnet sich ein neues Bildschirmfenster mit dem vergrößerten Foto. Wenn Sie unter dem Menü »Optionen« den Menüpunkt »Anzeige« aufrufen und im Register »Fenster beim Start« die folgenden Einstellungen vornehmen, sehen Sie immer das ganze Bild im Fenster. Andernfalls kann es sein, dass Sie wegen der Bildgröße nur einen Ausschnitt sehen können.

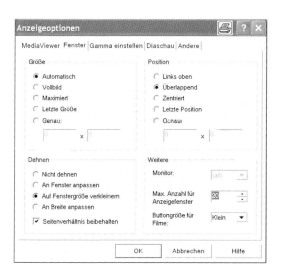

Abb. 25: Anzeigeoptionen einstellen

• Den Bildausschnitt bestimmen

BEARBEITEN

Der Mauscursor hat sich jetzt in ein Fadenkreuz verwandelt. Mit ihm können Sie den gewünschten Bildausschnitt bestimmen, indem Sie es zunächst auf der linken oberen Ecke des zukünftigen Bildes platzieren und dann mit gedrückter Maustaste nach rechts unten ein Rechteck aufziehen.

Abb. 26: Den Bildausschnitt bestimmen

Wenn Sie nicht auf Anhieb den perfekten Ausschnitt erwischen, macht das nichts. Sie können leicht nacharbeiten, indem Sie das Fadenkreuz auf die zu ändernde Kante positionieren. Der Cursor verwandelt sich dabei in einen beidseitigen Pfeil (÷), und Sie können – wieder mit gedrückter Maustaste – die Kante nach außen oder innen verschieben.

• **Letzte Korrekturen für Helligkeit und Kontrast**

Überprüfen Sie gleich noch einmal, ob Helligkeit und Schärfe in Ordnung scheinen. Das Fenster hat ein eigenes Menü. Unter »Bild« finden Sie eine Reihe von Bearbeitungsfunktionen. Die Buchstaben hinter den Menüpunkten beziehen sich auf Tasten, mit denen Sie die Funktion aufrufen können, ohne das Menü zu benutzen. Wenn Sie also die Taste [C] drücken, kommen Sie zur Helligkeits- und Gammakorrektur.

Die Kombination [↑]+[C] führt eine rasche Kontrastverbesserung durch.

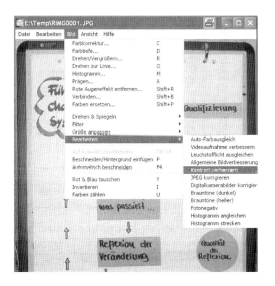

Abb. 27: Einzelne Funktionen ansteuern

Übrigens gibt es in diesem Menü den Punkt »Drehen & Spiegeln«, mit dem Sie das Bild einfacher drehen können, als Sie es bisher kennen gelernt haben. Leider gibt es diese Funktion bei der Stapelverarbeitung so nicht.

Am Ende dieses Bearbeitungsschrittes müssen Sie das Bild manuell speichern. Beim Schließen des Fensters werden Sie danach gefragt. Sie können sich aber auch gleich angewöhnen, mit der Tastenkombination [Strg]+[S] zu sichern. Sie schließen das Fenster mit [Esc].

5.3.2. Bildausschnitte und Nacharbeit mit IrfanView

Abb. 28: Bildbearbeitungsfunktionen

In der Thumbnailansicht (s.S. 51) doppelklicken Sie auf das Bild, das bearbeitet werden soll. Sie können es auch über das Symbol 1 des Programmfensters öffnen. Im Menü »Bild« finden Sie alle Bearbeitungsfunktionen.

Die Gammakorrektur zur Veränderung der Bildhelligkeit (s. S. 45) finden Sie übrigens hier unter dem Menüpunkt »Farben ändern Shift+G«.

Zum Beschneiden des Bildes ziehen Sie mit der Maus bei gedrückter linker Taste einen Rahmen um den Teil auf, der erhalten bleiben soll. Anschließend wählen Sie im Menü »Bearbeiten« den Punkt »Freistellen« oder drücken die Tastenkombination [Strg]+[Y].

Sie müssen das Auswahlrechteck von der gewünschten rechten oberen Ecke nach links unten aufziehen.

Nachbessern ist leider nicht möglich. Wenn Sie sich vertan haben, führen Sie den Vorgang einfach erneut durch. Das erste Rechteck verschwindet dabei.

Abb. 29:

Farb-, Kontrast- und

Helligkeitskorrekturen

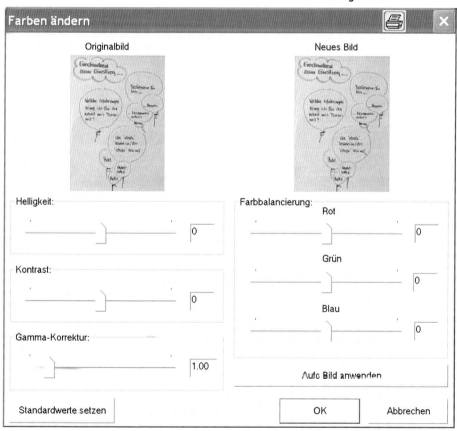

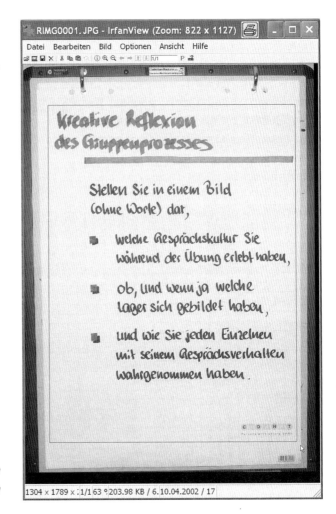

Abb. 30: Den
Bildausschnitt bestimmen

5.4. Text ins Bild einfügen

IrfanView bietet eine praktische Funktion, die es in
ThumbsPlus 2002 nicht gibt: Sie können Text ins
Bild einfügen.

Sie müssen dafür ebenfalls einen Auswahlrahmen aufziehen, in dem später der Text stehen soll. Anschließend ist im Bearbeiten-Menü die Funktion »Text einfügen« aktiv. Wenn Sie darauf klicken, können Sie in einem Dialogfenster den Text einfügen und die Schrift dafür auswählen.

So ist es möglich, Namen auf Fotos zu notieren oder Anmerkungen für die Teilnehmer einzufügen.

5.5. Feinarbeit in Problemfällen

Manchmal reichen die üblichen Bearbeitungsschritte nicht aus. Besonders, wenn die Details auf einem Foto zu blass geraten sind, gibt es Schwierigkeiten. Regelmäßig beobachte ich das, wenn ich im Seminar Interventionen verwende, bei denen die Teilnehmer Wachsmalkreiden benutzen.

Auf dem Bildschirm lassen sich vielleicht noch alle Details erkennen, beim Ausdruck jedoch ist vieles nicht mehr zu sehen. Hier helfen die Bildbearbeitungsfunktionen von ThumbsPlus 2002 nicht weiter.

Ausgeklügelte Möglichkeiten mit Photoshop & Co.

Wer ein professionelles Bildbearbeitungsprogramm wie Photoshop oder Paint Shop Pro einsetzt, kann sich hier leicht helfen. Schon die dort eingebauten Automatikfunktionen für Bildverbesserungen reichen oft aus, um blasse Details erkennbar werden zu lassen.

Wenn Sie eines dieser Programme besitzen, probieren Sie es einmal mit …

Paint Shop Pro
»Effekte«, »Foto-Korrektur«

Photoshop
»Bild«, »Auto-Tonwertkorrektur«

Ulead Photo Impact
»Format«, »Autoverarbeitung«

Fireworks
»Xtras«, »Farbe anpassen«, »Auto-Stufe«

GIMP (kostenlos)
Rechte Maustaste: »Bild«, »Farben«, »Automatisch«, »Normalisieren«

5.6. Genial einfach und kostenlos

Aber auch ohne Profiwerkzeug brauchen Sie nicht zu verzagen. Im Gegenteil: Ich habe im Internet kostenlose Programme gefunden, mit denen Sie auch als Laie arbeiten können, die genauso gute Dienste leisten und die vor allem Zeit sparen. Auch erfahrene Anwender werden diese Tools zu schätzen wissen.

• ColorCast FX von Mediachance

Sie brauchen das Programm nur zu starten und die fragliche Bilddatei darin zu öffnen [Load]. Ein paar Sekunden später sehen Sie nach dem Vorher-

Nachher-Prinzip die Auswirkungen der automatischen Verbesserung (s. Abb. 31). Zwei Regler für Farbintensität und Gamma-Korrektur erlauben noch etwas Feinjustierung. Sind Sie zufrieden, können Sie das Ergebnis abspeichern [Save].

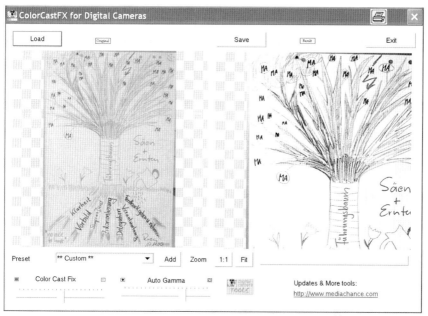

Abb. 31: Automatische Bildverbesserung mit ColorCast FX

• DC Enhancer

Vom gleichen Hersteller gibt es ein weiteres kostenloses Programm, das einige Regler für verschiedene Einstellungsmöglichkeiten mehr bietet: Digital Camera Enhancer. Hiermit lassen sich Bildstörungen und unreine Haut bei Porträts glätten, die Farbbalance und weitere Details sind zusätzlich und etwas feiner regulierbar als bei ColorCast FX.

Die Bedienung läuft genauso ab.

1. Programm starten
2. Bild laden [Load]
3. Automatische Bildkorrektur abwarten
4. Eventuell nachjustieren
5. Bild speichern [Save]
6. Programm verlassen [Exit]

Die beiden Programme ColorCast FX und DC Enhancer können Sie über die Internetseite zum Buch www.fotoprotokoll.com gratis beziehen.

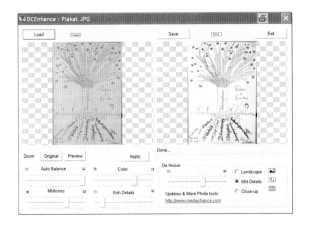

Abb. 32:
Einstellmöglichkeiten bei
CD Enhancer

5.7. Einbinden eines Bildbearbeitungs-programms in ThumbsPlus 2002

ThumbsPlus 2002 bietet grundsätzlich die Möglichkeit, andere Bildbearbeitungsprogramme in die Menüzeile einzubinden.

Abb. 33: Externe
Programme einbinden

Sie können dann das andere Programm durch Klicken auf das Programm-Icon starten und – in vielen Fällen – ein markiertes Bild an das andere Werkzeug übergeben, um es dort zu bearbeiten. Sie brauchen also Thumbs nicht zu verlassen.

Abb. 34: Externe
Programme auswählen

Rufen Sie dazu in der Menüzeile die »Optionen« auf und wählen Sie »Anpassen«. Klicken Sie auf den Reiter [Symbolleiste anpassen] und anschließend auf die kleine Schaltfläche [Externes Programm]. Nach Klick auf die Schaltfläche [...] suchen Sie die gewünschte Anwendung auf Ihrer Festplatte, markieren die Programmdatei und wählen »öffnen«.

Abb. 35: Einstellungen für
das externe Programm

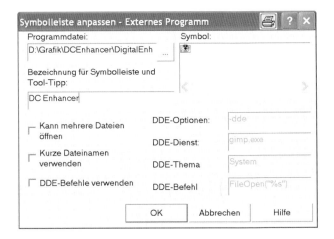

Die weiteren Optionen in dem kleinen Fenster beziehen sich darauf, wie sich Bilddateien übergeben lassen; das bedeutet, dass sie in der externen Anwendung automatisch geladen werden.

Leider können die beiden kleinen Programme Color-Cast FX und DC Enhancer, die ich weiter oben beschrieben habe, diese Funktionen nicht nutzen. Sie können lediglich das Programm starten und müssen dann die Datei manuell laden, wie ab Seite 63 besprochen.

Mit der Funktion [Symbolleiste anpassen] lässt sich Thumbs noch weiter auf Ihre Bedürfnisse abstimmen. So können Sie Icons für die Funktionen »Stapelverarbeitung« (s. S. 40), »Katalog drucken« (s. S. 71) und »Fotoalben erstellen« (s. S. 87) einbinden.

Klicken Sie dazu im Fenster [Symbolleiste anpassen] auf das entsprechende Icon. Zur Information wird die Bedeutung des Bildes im Kasten Symbolfunktion angezeigt. Ziehen Sie es dann mit der Maus in die Iconleiste hinein. Sollten Sie ein Icon aus der Leiste entfernen wollen, ziehen Sie es einfach heraus.

Abb. 36: Eine Funktion auswählen und in die Menüleiste ziehen

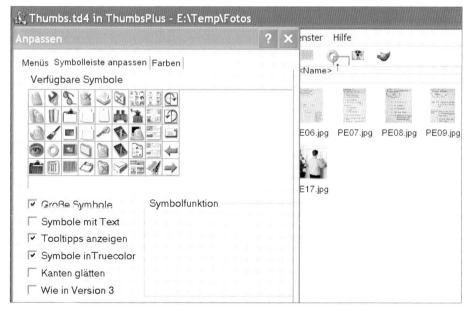

5.8. Folien und Dokumente einbinden

Wenn ich während einer Veranstaltung Handouts ausgebe oder die Teilnehmer Beiträge auf Folien erstellt haben, binde ich diese Unterlagen gern in das Protokoll ein. Die Teilnehmer bekommen so noch einmal eine komplette Dokumentation und müssen nichts zusammensortieren.

Einen einfachen Weg, vom Handout zur Bilddatei zu kommen, bietet natürlich ein Scanner. Die Unterlage wird gescannt, als ▶ *JPG-Datei* abgespeichert (oder mit Hilfe von Thumbs in eine solche umge-

Abb. 37: Speichern in einem anderen Bildformat

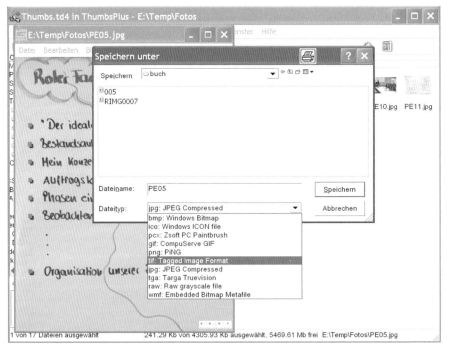

wandelt) und anschließend mit den gleichen Bearbeitungsschritten versehen wie die Digitalfotos. Um ein Bilddatei-Format in ein anderes umzuwandeln, z.B. BMP zu ▶ *JPG*, brauchen Sie es nur in ThumbsPlus 2002 zur Bearbeitung aufrufen (Doppelklick) und anschließend mit der Funktion »Datei«, »Speichern unter«, unter einem anderen Format, das Sie dabei aus einer Liste auswählen können, abspeichern.

Leider hilft diese Vorgehensweise noch nicht bei Folien oder anderen PC-Dateien wie Word- oder Excel-Dokumenten. Es sei denn, Sie gehen über den Umweg Ausdrucken und Einscannen.

Mit IrfanView gibt es aber eine brauchbare Lösung: Unter dem Menüpunkt »Optionen« »Fotografieren C« können Sie Bildschirmfotos erstellen:

1. Starten Sie Programm und Dokument, das Sie im Fotoprotokoll unterbringen möchten.

2. Wählen Sie einen Zoom-(Ansichts-)faktor, bei dem das Dokument vollständig auf dem Bildschirm zu sehen ist. Meistens funktioniert das mit 50 bis 55%.

3. Starten Sie IrfanView und wählen Sie aus dem Optionen-Menü den Punkt »Fotografieren«. Nehmen Sie im Dialogfenster die folgenden Einstellungen vor (Abb. 38):

4. Nach einem Mausklick auf die Schaltfläche [Start] schließt sich das Fenster wieder und Sie sehen das zuvor gestartete Dokument auf dem Bildschirm.

5. Mit der Tastenkombination [Strg]+[F11] erstellen Sie ein Bildschirmfoto von dem Dokument. Automatisch öffnet sich das Bearbeitungsfenster von IrfanView mit dem erzeugten Schnappschuss.

6. Mit der Freistellen-Funktion (s. S. 58) erstellen Sie einen Bildausschnitt, der das Dokument so zeigt, wie es im Protokoll erscheinen soll.

7. Nun müssen Sie noch über das Menü »Datei« die Funktion »Speichern unter« aufrufen und das Bild abspeichern. Fertig ist das Worddokument oder die PowerPointfolie oder sonst irgendein Dokument als Bilddatei.

6. Ausdrucken

Von den meisten Workshops brauche ich selbst kein vollständiges und in allen Einzelheiten lesbares Protokoll. Die Charts mit den Theorie-Modellen, Moderations-Abfragen und Arbeitsaufträgen, zusammen mit Beispielen der Teilnehmerergebnisse reichen mir.

Ich lasse das Programm deshalb einen »Katalog« drucken, den ich so konfiguriert habe, dass immer vier Bilder mit der Größe 8,5 x 9,5 cm auf einer DIN-A-4-Seite Platz finden. Flipcharts lassen sich damit vollständig lesen, bei Kartenabfragen nur noch sehr professionell beschriftete Moderationskarten – und die Überschrift. Dafür verwende ich Farbdruck, so kann ich die Gestaltung von Charts auch später noch besser nachvollziehen.

6.1. Katalog erstellen in ThumbsPlus 2002

ThumbsPlus 2002 generiert solche Kataloge automatisch. Sie können sogar wieder verschiedene Vorlagen unter jeweils eigenen Namen abspeichern.

Sie sehen im Folgenden die Version ohne Assistenten, bei der die einzelnen Einstellungen über Karteikarten-Reiter angesteuert werden. Sie brauchen dann immer nur den Teil aufzurufen, den Sie beeinflussen wollen. Wenn der Assistent eingeschaltet ist, werden Sie durch die einzelnen Optionen geführt (s. S. 41).

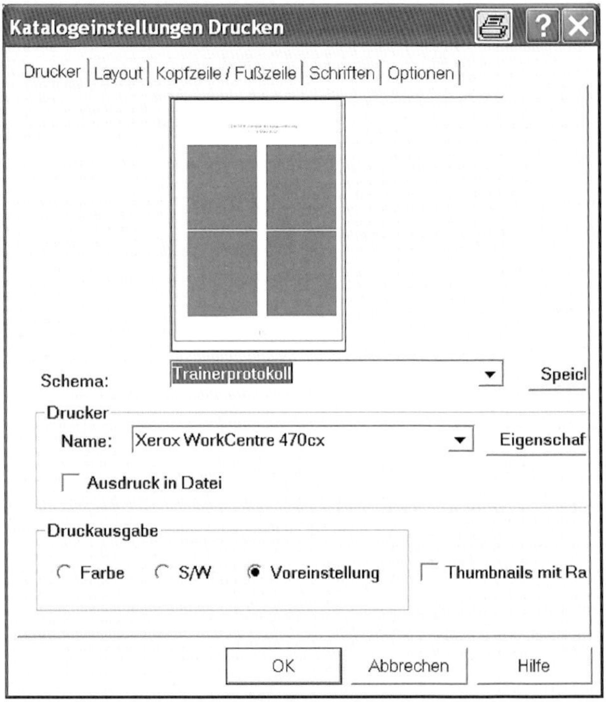

Abb. 39: Ein
Trainerprotokoll erstellen

Als nächstes wird das Layout definiert. Damit sind vor allem die Randeinstellungen und die Anzahl der Bilder, die auf eine Seite gedruckt werden, gemeint.

Sie können die Werte so übernehmen, wie ich sie in die Felder eingetragen habe:

Ränder

Links:	2,0 cm
Rechts:	1,0 cm
Oben:	3,0 cm
Unten:	2,0 cm

Thumbnail-Größe

Breite: 8,5 cm
Höhe: 9,5 cm
Spalten: 2
Zeilenabstand: 1,0 cm

Das kleine Vorschaubild zeigt schon, wie sich die einzelnen Elemente auf der Seite verteilen.

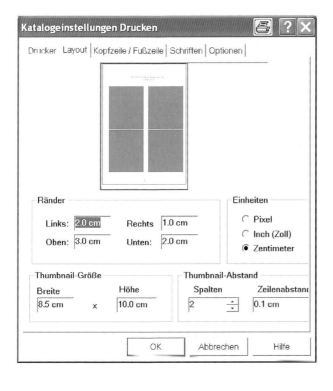

Abb. 40: Das Seitenlayout festlegen

Wenn im Augenblick bei Ihnen noch keine vier Bilder (= graue Flächen) zu sehen sind, kann das mit Einstellungen zusammenhängen, die erst in den weiteren Abschnitten erfolgen. Keine Sorge, das ändert sich noch.

Nun sind Angaben für die Kopf- und Fußzeilen gefragt.

Abb. 41: Kopf- und Fußzeilen definieren

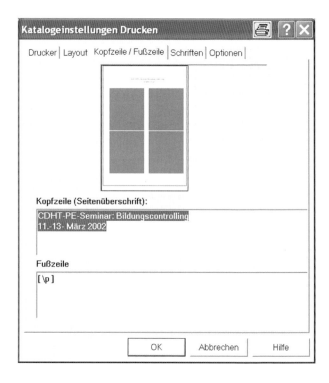

Den Abstand zwischen Kopfzeile und Bildern beeinflussen Sie durch Leerzeilen, die Sie nach Ihrem Text mit der [Eingabe]-Taste setzen. Genauso verhält es sich auch mit dem Fußzeilenabstand zum unteren Seitenrand.

Der Eintrag »[\p]« bewirkt einen Ausdruck der fortlaufenden Seitennummer.

Im nächsten Fenster legen Sie die Schriftarten fest. Wenn Sie, genauso wie ich, keine Dateiinformatio-

nen mit ausdrucken, interessiert nur die Schriftart
für die Kopf- und Fußzeilen.

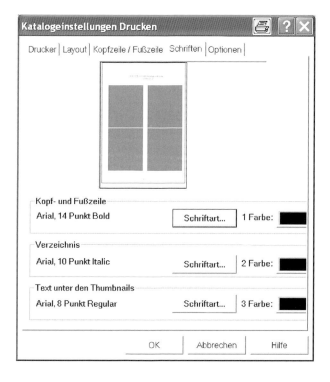

Im letzten Dialogfenster [Optionen] geben Sie an,
ob und welche Informationen zusammen mit den
Bildern ausgedruckt werden sollen.

Außerdem legen Sie wieder fest, auf welche Dateien
der Katalog angewendet werden soll. Ich wähle
»Nur ausgewählte Dateien«, weil ich für mein eigenes Protokoll manche Fotos weglasse. Die nehme ich
zuvor von der Markierung aus. Sie erinnern sich:
Zunächst alle mit [Strg]+[A] markieren und anschließend mit der Maus bei gedrückter [Strg]-Taste

diejenigen anklicken, die ausgenommen werden sollen.

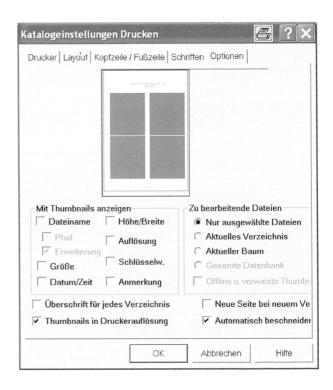

Abb. 43: Druckoptionen einstellen

»Thumbnails in Druckerauflösung« bewirkt eine hohe Qualität beim Ausdruck. »Automatisch beschneiden« verhindert überflüssige Ränder.

Mit Klick auf [OK] bzw. auf [Fertig stellen], wenn Sie den Assistenten verwenden, startet der Katalogausdruck.

6.2. Katalogbilder mit IrfanView

IrfanView stellt eine Katalog-Druckfunktion wie
ThumbsPlus 2002 nicht zur Verfügung. Es gibt aber
einen kleinen Umweg, der zu einem ähnlichen Ergebnis führt. Das Programm erstellt neue Bilddatei-
en, auf denen vier (auch weniger oder mehr) Bilder
montiert werden. Diese Montagen können dann
wieder als Einzelbild ausgedruckt werden.

Die Funktion dafür finden Sie im Datei-Menü der
Thumbnail-Ansicht (s. S.51). Sie heißt »Katalogbild
mit selektierten Bildern erstellen«.

Mit den Werten, die ich im Beispiel eingetragen
habe, kommen Sie zu vier Bildern auf einer Seite.
Die Dimensionen Breite und Höhe können Sie bis zu
2000 ▶ *Pixel* hochsetzen. Dafür müssen Sie zuvor
die entsprechenden Bild-Miniaturen markieren.

Es kann mit jedem »Erstellen« immer nur ein Sam-
melbild erzeugt werden. Bei 20 Bildern müssen Sie
also die Funktion fünf mal aufrufen und jedes Mal
vorher die gewünschten Fotos markieren. Markieren
Sie mehr Bilder, als die eingegebenen Daten darzustellen ermöglichen, werden die überzähligen Bilder
einfach ignoriert.

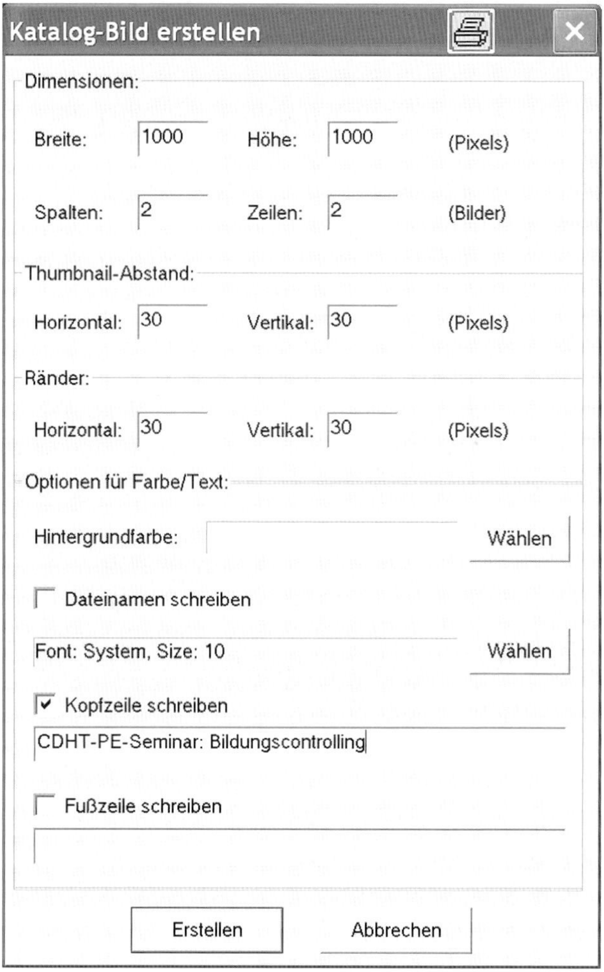

AUSDRUCKEN

Katalog-Bild erstellen

Dimensionen:

Breite: 1000   Höhe: 1000   (Pixels)

Spalten: 2   Zeilen: 2   (Bilder)

Thumbnail-Abstand:

Horizontal: 30   Vertikal: 30   (Pixels)

Ränder:

Horizontal: 30   Vertikal: 30   (Pixels)

Optionen für Farbe/Text:

Hintergrundfarbe: _____   Wählen

☐ Dateinamen schreiben

Font: System, Size: 10   Wählen

☑ Kopfzeile schreiben
CDHT-PE-Seminar: Bildungscontrolling

☐ Fußzeile schreiben

Erstellen   Abbrechen

Abb. 44: Vier Fotos in einem Bild gruppieren

• DIN-A4-Ausdruck für Teilnehmer

Die Teilnehmer bekommen gewöhnlich einen DIN-A-4-Ausdruck pro Chart. Dabei soll das Bild natürlich auf einem Handoutbogen mit Logo platziert werden und den verfügbaren Platz so groß wie möglich einnehmen. Außerdem soll nicht jedes Bild einzeln zum Druck aufgerufen werden müssen, sondern das Ausdrucken soll automatisch für alle markierten Bilder erfolgen. In der Zeit, die der Drucker dafür braucht, kann ich etwas anderes tun. Zum Beispiel schlafen gehen – tatsächlich starte ich häufig diese Arbeit noch, wenn ich abends vom Seminar nach Hause und ins Büro komme. Am nächsten Morgen ist alles fertig, zumindest dann, wenn es keinen Papierstau oder Tintenmangel gab.

6.3. Drucken mit ThumbsPlus 2002

ThumbsPlus 2002 lässt sich so konfigurieren, dass es nacheinander alle ausgewählten Bilder ausdruckt, mit vordefinierten Rändern, zwischen die es die Fotos einpasst. Sie können das Programm also an Ihr Layout für Arbeitsunterlagen oder an Ihr Briefpapier anpassen.

• Seite einrichten

Für alle Einstellungen rufen Sie den Dialog »Drucken« im Datei-Menü auf.

• Ränder

Auf der Karteikarte [Layout] legen Sie mit den Randeinstellungen fest, wie groß ein Bild maximal ausgedruckt werden kann. Außerdem entscheiden Sie damit indirekt über die Position des Fotos auf der Seite.

So haben Sie also die Möglichkeit, das Layout Ihrer Arbeitsbögen zu berücksichtigen und genügend Platz für Ihr Logo etc. zu lassen.

Wenn Sie stattdessen die Option »Voreinstellungen des ausgewählten Druckers benutzen« aktivieren, werden die Randeinstellungen des Druckertreibers verwendet.

Abb. 45: Seitenlayout für den Ausdruck

• **Druckgröße**

Mit einem Klick auf den Pfeil am Ende des Auswahlfeldes können Sie diverse Druckgrößen vorwählen.

»Abgleichen zum Anpassen« ist die Option, die das
Bild optimal zwischen den vorgegebenen Rändern
einpasst.

Entsprechend unserem Vorhaben stellen wir ein Bild
pro Seite ein und wählen unter »Anpassen« »Abgleichen«. Damit werden die Proportionen des Ori-
ginalbildes beibehalten.

Mit »Bildausrichtung anpassen« stellt ThumbsPlus
2002 eigentlich eine praktische Funktion bereit.
Wenn ein Bild, um 90° gedreht, den Raum besser
ausnutzte, würde das automatisch geschehen. Ich
verwende diese Option dennoch nicht, weil sie das
Bild nach rechts kippt. In einem ausgedruckten
Protokoll zöge ich es genau andersherum vor. Wenn
jemand das Protokoll abheftet, kann er so ungehin-
dert das Blatt betrachten. Um in Einzelfällen im
Querformat zu drucken, drehe ich lieber das Bild
selbst in die Richtung, die ich brauche.

Die Anzahl der »Kopien von jedem Bild« bleiben auf
der voreingestellten 1 stehen.

Im Abschnitt »Drucker« gelangen Sie nach einem
Klick auf die Schaltfläche [Drucker] zum Eigen-
schaften-Dialog der Druckereinstellung, wie das
auch in anderen Programmen beim Druckaufruf üb-
lich ist.

Mit den Angaben auf der zweiten Karteikarte [Text
Optionen] können Sie vorgeben, dass ThumbsPlus
2002 zusammen mit den Bildern bestimmte Datei-
Informationen ausdruckt. Auch die Schriftart dafür
lässt sich nach Ihren Wünschen einstellen.

AUSDRUCKEN

Normalerweise brauchen wir diese Funktion für die Teilnehmerausfertigung nicht.

Alle Angaben bleiben dauerhaft gespeichert, bis Sie sie wieder ändern. Das heißt, dass Sie auch bei folgenden Druckaufträgen auf die richtige Druckgröße vertrauen können.

Abb. 46: Weitere
Optionen für den Druck

• **Drucken**

Starten Sie den Druck mit einem Klick auf [OK]. Mit dem Befehl Drucken werden alle markierten Bilder ausgedruckt.

Ich verwende dafür einen Farbdrucker, weil ich finde, dass das einen besseren Eindruck hinterlässt als Graustufenbilder. Das ist natürlich auch eine Kostenfrage. Und eine Frage der Zeit: Farbausdrucke benötigen soviel Zeit, dass ich den Ausdruck oft über Nacht erledigen lasse. Dann hat der Drucker genug Zeit, sein Werk zu tun. Bleibt zu hoffen, dass dabei kein Papierstau auftritt und die Tintenpatrone durchhält.

6.4. Drucken mit IrfanView

Auch mit IrfanView lässt sich eine ganze Serie von Bilddateien in einem Rutsch ausdrucken. Die Funktion dazu finden Sie wieder in der Thumbnail-Ansicht. Sie heißt »Selektierte Thumbnails als einzelne Bilder drucken« und findet sich im »Datei«-Menü.

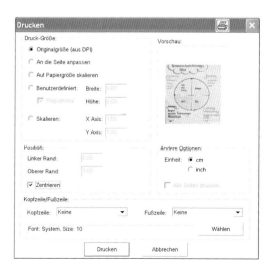

Abb. 47: Drucklayout einstellen

Sie müssen die zu druckenden Dateien zuvor markieren. Wenn Sie anschließend, nach dem Aufruf des Druckbefehls, im Druckerfenster auf [Drucken] klicken, öffnet sich noch ein Dialogfenster für individuelle Einstellungen.

Hier können Sie Größe und Platzierung des Ausdrucks festlegen.

• Farbvorlage für Schwarz-Weiß-Kopien

Auch wenn ich nur einen Masterausdruck zur Verfügung stelle, von dem sich mein Kunde so viele Schwarz-Weiß-Kopien zieht, wie er für die Anzahl der Teilnehmer zum Verteilen braucht, verwende ich Farbdruck. Damit überlasse ich die Graustufenumwandlung dem Kopierer, und die können das in aller Regel sehr gut.

Es gibt auch kleine Programme, die aus Farbbildern hochwertige Graustufenbilder (im allgemeinen Sprachgebrauch Schwarz-Weiß-Bilder) machen, und natürlich haben die Bildbearbeitungsprogramme Funktionen dafür eingebaut.

Bei ThumbsPlus 2002 ist das in der Batch-Verarbeitung eine Option bei »Verschiedenes«, »Farbtiefe« zu finden (s. Abb. 48).

Bei der Einzelbildbearbeitung finden Sie die gleiche Funktion unter »Bild«, »Farbtiefe«.

IrfanView stellt eine solche Funktion bei den Optionen im Dialogfenster der Batchkonvertierung zur Verfügung.

Abb. 48: Farbbilder in Graustufen umwandeln in ThumbsPlus 2002

Sie können aber auch probieren, wie Sie mit der Qualität zufrieden sind, wenn Sie die Dateien so wie sie sind auf einem Schwarz-Weiß-Drucker ausgeben. Auch hier kann es sein, dass die automatische Umwandlung Ergebnisse liefert, die nichts zu wünschen übrig lassen.

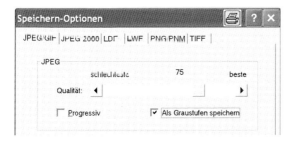

Abb. 49: Grauststufen-Option in IrfanView

7. Digitales Fotoalbum

7.1. Das papierlose Büro

Immer häufiger wollen die Teilnehmer das Fotopro-
tokoll elektronisch archivieren. Ein Glück, bei den
Preisen für Farbausdrucke einerseits und dem eines
CD-Rohlings andererseits.

CD-Brenner im Aldi-PC

Selbst Supermarkt-PCs sind heute in der Regel mit
einem ordentlichen CD-Brenner ausgestattet. Aus-
reichende Brenn-Software wird meistens mitgeliefert. Das neue Windows-Betriebssystem XP benötigt
nicht einmal mehr spezielle Software. Um damit Daten auf eine CD zu überspielen, genügt es, sie im
Explorer auf das Brennlaufwerk zu »ziehen«.

Auch die Nachrüstung ist kein Problem. Ein guter
Brenner kostet zwischen 150,- EUR und 250,- EUR,
ein CD-Rohling zwischen -,50 EUR und 1,50 EUR.
Selbst den Einbau eines Brenners in den PC können
Sie sich selbst zutrauen, das ist weit weniger ge-
heimnisvoll oder kompliziert, als vermutet.

7.2. Was bedeutet archivieren?

Meiner Meinung nach macht es wenig Sinn, den Teilnehmern eines Workshops oder eines Seminars die Bilddateien auf eine CD zu brennen und sie dann damit allein zu lassen. Sie sähen sich beim Betrachten einer Reihe – wahrscheinlich nichts sagend benannter – ▶ *JPG*-Dateien gegenüber, die sie aufs Geratewohl aufrufen könnten.

Abb. 50: Eine nichtssagende Sammlung von Dateien

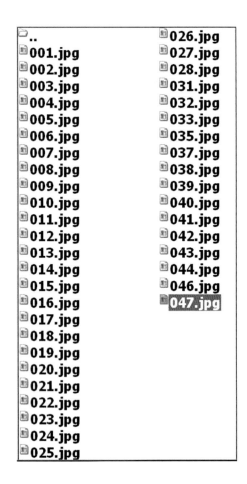

..
001.jpg
002.jpg
003.jpg
004.jpg
005.jpg
006.jpg
007.jpg
008.jpg
009.jpg
010.jpg
011.jpg
012.jpg
013.jpg
014.jpg
015.jpg
016.jpg
017.jpg
018.jpg
019.jpg
020.jpg
021.jpg
022.jpg
023.jpg
024.jpg
025.jpg

026.jpg
027.jpg
028.jpg
031.jpg
032.jpg
033.jpg
035.jpg
037.jpg
038.jpg
039.jpg
040.jpg
041.jpg
042.jpg
043.jpg
044.jpg
046.jpg
047.jpg

Jedes Mal würde sich ihr Internetbrowser oder ein
auf dem PC installiertes Bildbetrachtungsprogramm
öffnen und das Bild anzeigen. Eine mühsame und
unübersichtliche Angelegenheit.

Nur ein modernes Betriebssystem wie Windows XP
beispielsweise wäre in der Lage, schon in der Datei-
übersicht im Explorer durch kleine Vorschaubilder
einen Anhaltspunkt zu liefern, welches Bild denn
interessant oder aus anderen Gründen gewünscht
sein könnte.

Es gibt aber komfortablere Lösungen.

7.3. Fotoalben automatisch generieren

Viele Bildbearbeitungsprogramme können Fotogalerien generieren. Das ist eine Art Fotoalbum, bei
dem Sie zunächst eine Seite voller Miniaturen der
Originalbilder sehen, so genannte Thumbnails.
Wenn Sie auf eine dieser Miniaturen klicken, öffnet
sich das Originalbild. Wenn die Galerie komfortabel
gestaltet ist, können Sie von einem Original zum
nächsten oder vorherigen blättern und per
Mausklick auch wieder zurück zur Miniaturüber-
sicht gelangen.

Auf diese Weise kann ein einzelnes Bild oder ein
Teil der Dokumentation ganz gezielt betrachtet
werden. Auch ist durch die Übersicht immer ein Be-
zug zum Ganzen erkennbar.

FOTOALBUM

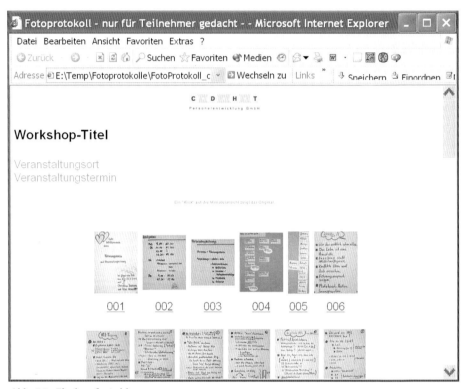

Abb. 51: Ein komfortables
   Fotoalbum auf CD

7.4. Der Web-Assistent von ThumbsPlus 2002

Mit ThumbsPlus 2002 ist diese Aufgabe zunächst schnell gelöst. Nur zunächst, weil mich selbst das Ergebnis noch nicht voll zufrieden stellt, aber dazu später mehr (auf Seite 98).

Die Option zum Erstellen solcher Galerien finden Sie unter »Bild« »Web-Assistent...«. Auch bei dieser Funktion können Sie wieder zwischen der Benutzung des Assistenten-Modus und einem karteikartenähnlichen System mit Direktzugriff auf die einzelnen Einstellungen wählen (s. S. 41). Die folgenden Beispiele nutzen den Assistenten.

Bild	Thumbnail	Optionen	Fenster	Hilfe
Batch-Modus...		F12		
Kontaktabzüge...		Ctrl+Shift+F9		
Katalog drucken...		Shift+F9		
Web-Assistent...		Alt+F9		
Gemeinsame Palette...		Ctrl+Shift+T		
Drehen & Spiegeln				▶
Schnell Konvertieren zu				▶
Batch-Set anwenden				▶
Prozesse				▶
Diaschau generieren...				
Diaschau anzeigen		F8		
Hintergrundbild				▶
TWAIN: Einscannen...		Ctrl+W		
TWAIN: Mehrere scannen...		Ctrl+Shift+W		
TWAIN: Scanner wählen...		Ctrl+Alt+W		

Abb. 52: Der Web-Assistent führt zur Fotogalerie

Wie schon bei der Stapelverarbeitung und beim Katalog Drucken können Sie auch hier wieder einen Namen für das gesamte Set vergeben, um es später erneut aufrufen zu können.

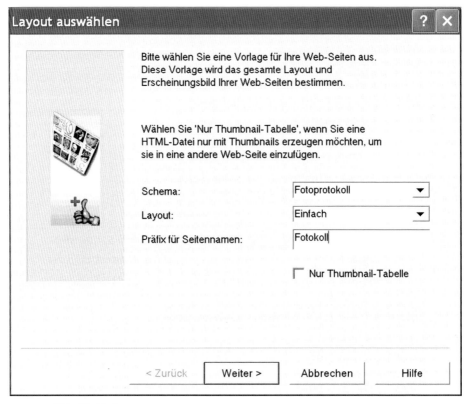

Bitte wählen Sie eine Vorlage für Ihre Web-Seiten aus. Diese Vorlage wird das gesamte Layout und Erscheinungsbild Ihrer Web-Seiten bestimmen.

Wählen Sie 'Nur Thumbnail-Tabelle', wenn Sie eine HTML-Datei nur mit Thumbnails erzeugen möchten, um sie in eine andere Web-Seite einzufügen.

Schema: Fotoprotokoll ▼

Layout: Einfach ▼

Präfix für Seitennamen: Fotokoll

☐ Nur Thumbnail-Tabelle

< Zurück | Weiter > | Abbrechen | Hilfe

Abb. 53: Vorlagen
speichern und auswählen

Wählen Sie als Layout »Einfach« und als Präfix einen Namen für die Datei, die der Empfänger des Protokolls aufrufen wird, um das Protokoll anzuschauen. Es handelt sich dabei um eine Datei für den ▶Web-*Browser*, zum Beispiel den Internet Explorer von Microsoft.

Nach [Weiter] legen Sie mit der Anzahl der Spalten fest, wie viele Miniaturbilder in einer Reihe angezeigt werden sollen.

Die Anzahl der Reihen können Sie hoch ansetzen, denn sonst würde nach beispielsweise 6 Zeilen eine neue Seite produziert werden. Stattdessen wird es eine Vorschauseite geben, auf der man sich mit dem seitlichen Rollbalken bis zur letzten Zeile bewegen kann.

Die Randbreite bezieht sich auf einen Rahmen um die einzelnen Vorschaubilder. Der Eintrag »0« sorgt dafür, dass kein Rahmen gezeichnet wird.

Abb. 54: Vorgaben für die Übersichtsseite

Tabelle

Spalten:	8	Farbe:
Reihen:	20	
Ränder:	0	

Im nächsten Dialog werden die Miniaturansichten näher definiert.

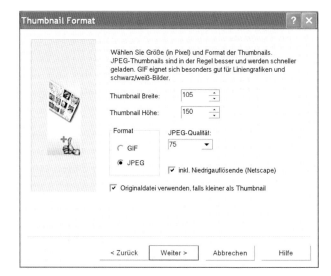

Wählen Sie Größe (in Pixel) und Format der Thumbnails.
JPEG-Thumbnails sind in der Regel besser und werden schneller
geladen. GIF eignet sich besonders gut für Liniengrafiken und
schwarz/weiß-Bilder.

Thumbnail Breite: 105

Thumbnail Höhe: 150

Format
○ GIF
● JPEG

JPEG-Qualität:
75

☑ inkl. Niedrigauflösende (Netscape)

☑ Originaldatei verwenden, falls kleiner als Thumbnail

< Zurück   Weiter >   Abbrechen   Hilfe

Abb. 55: Größe der Vorschaubilder einstellen

Breite und Höhe werden in ▶ *Pixel* angegeben. Wobei die Werte jeweils das Maximum darstellen, das eine Bildkante erreichen kann. Um die Proportionen eines Bildes zu erhalten, kann die jeweils andere Kante kürzer ausfallen.

Das Dateiformat ▶ *JPG* liefert bei farbigen Bildern bessere Ergebnisse als das ▶ *GIF-Format*.

Wieder ein Dialogfenster weiter geht es darum, welche Dateien berücksichtigt werden sollen. Außerdem gibt es dort eine Option, »Dateien ins Zielverzeichnis kopieren«.

Abb. 56: Vorgaben zum Dateienmanagement

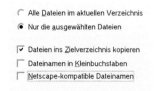

○ Alle Dateien im aktuellen Verzeichnis
● Nur die ausgewählten Dateien

☑ Dateien ins Zielverzeichnis kopieren
☐ Dateinamen in Kleinbuchstaben
☐ Netscape-kompatible Dateinamen

Weil es sowohl für die Übersichtlichkeit auf der Festplatte als auch für eine zügige Abwicklung des späteren Brennvorgangs auf CD günstiger ist, habe ich mir für die Erzeugung von Fotogalerien eine eigene Ordnerstruktur angelegt:

Abb. 57: Ordnerstruktur auf der Festplatte

Mit der erwähnten Option werden die erforderlichen Dateien automatisch an die richtige Stelle kopiert.

Als nächstes werden Sie im Abschnitt »Datei-Informationen« danach gefragt, welche Bildinformationen zusätzlich angezeigt werden sollen. Ich selbst beschränke mich auf den Dateinamen. Ich habe zuvor alle abstrakten Dateibezeichnungen aus der Kamera umbenannt. Auch dafür nutze ich ein eigenes Werkzeug, das ich auf Seite 105 beschreibe.

Im Fenster »Text für Web-Seiten« werden Angaben zur Seitenüberschrift erwartet. Wenn Sie sich später mit der von ThumbsPlus 2002 generierten Fotogalerie begnügen wollen, können Sie hier Vorgaben eintragen. Ich werde Ihnen eine alternative Vorgehensweise vorschlagen – in diesem Fall brauchen Sie hier keine weiteren Angaben zu machen.

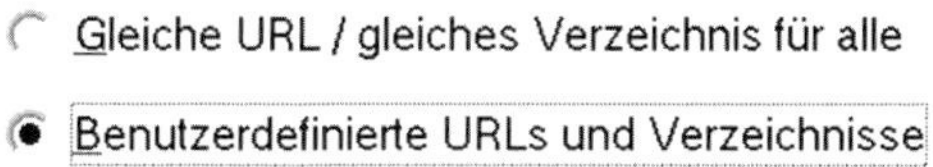

⌒ Gleiche URL / gleiches Verzeichnis für alle

⦿ Benutzerdefinierte URLs und Verzeichnisse

Abb. 58: Einstellung für die Verzeichnisstruktur

FOTOALBUM

Als »Speicherort für die Dateien« wählen Sie bitte »Benutzerdefinierte« Angaben.

Damit kommen Sie zur Eingabe der oben erwähnten Ordnerstruktur. Die Angaben hierfür beziehen sich auf die Ordner auf der Festplatte und auf die Verweisangaben innerhalb der Fotogalerie. Wenn Sie Ihre Ordner anders benennen, müssen Sie die Angaben anpassen.

Sie können die Ordner auch auswählen, indem Sie auf die kleine Schaltfläche [...] klicken.

Abb. 59: Festlegen der
Speicherorte

Wenn Sie anschließend im nächsten Fenster auf [Fertig stellen] klicken bzw. auf [OK], wenn Sie den Assistenten abgeschaltet haben, generiert ThumbsPlus 2002 für jedes Foto ein miniaturisiertes Vorschaubild.

Außerdem legt das Programm eine Web-Seite, ein ▶ HTML-Dokument an, auf der diese Miniaturen tabellarisch dargestellt sind. Klickt der Betrachter auf solch ein »Thumbnail«, wird das Originalbild auf dem Bildschirm dargestellt. Haben Sie im letzten Bildschirm »Browser starten, wenn fertig« gewählt, können Sie das Ergebnis sofort auf dem Bildschirm betrachten und ausprobieren.

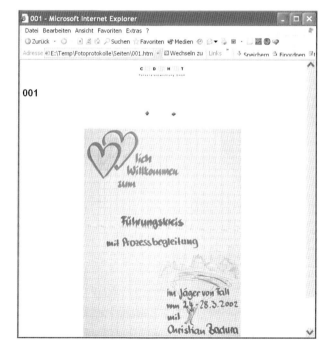

Abb. 60: Anzeige der Einzelbilder mit Firmenlogo

Wenn Ihnen diese Darstellungsform ausreicht, ist diese Aufgabe beendet. Ich hatte Ihnen eine noch elegantere Lösung versprochen, die allerdings auch noch ein paar weitere Arbeitsschritte erfordert. Sie bekommen dafür eine Fotogalerie, bei der der Betrachter in der Originalansicht der einzelnen Fotos vorwärts und rückwärts blättern und jederzeit per Mausklick wieder zurück zur Miniaturansicht wechseln kann. Außerdem können Sie sowohl auf der Übersichtsseite als auch auf den einzelnen Bildseiten ein Logo verwenden (s. Abb. S. 90).

Dazu ist es notwendig, für jedes Bild ein eigenes ▶ *HTML*-Dokument, also eine einfache Webseite, zu erstellen, die mit der Übersichtsseite verlinkt ist. Auch für diesen Zweck gibt es im Internet kostenlose Programme.

Sie bekommen das hier vorgestellte Set kostenlos auf der Internetseite www.fotoprotokoll.com

Ich selbst bin einen eigenen Weg gegangen. Ich habe mir – zum Teil mit Hilfe der erwähnten Programme – ein Vorlagenset erstellt, das für Protokolle bis mehr als 100 Seiten geeignet ist. Mit einigen wenigen Änderungen passe ich dieses Set für die aktuelle Dokumentation an:

Erster Schritt

Ich kopiere die Übersichtsseite »FotoProtokoll.htm« in den Ordner »Fotoprotokolle« der o.a. Ordnerstruktur. Das von Thumbs-Plus 2002 erzeugte HTML-Dokument lösche ich. Dann öffne ich das HTML-Dokument im Windowsprogramm WordPad und setze den aktuellen Titel und die Daten für die Überschrift in das HTML-Dokument ein.

Bitte verwenden Sie für die hier beschriebenen Operationen weder Word noch ein anderes Textverarbeitungsprogramm. Es ist wichtig, dass auch nach den Manipulationen reine Textdateien vorliegen. WordPad finden Sie im Windows-Programmmenü unter Zubehör.

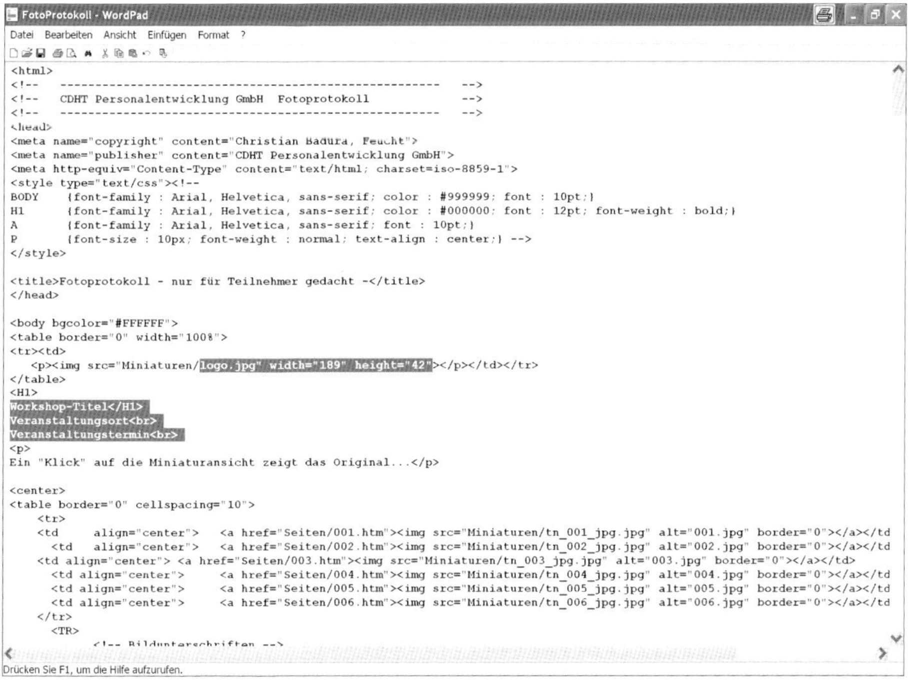

```
FotoProtokoll - WordPad

Datei  Bearbeiten  Ansicht  Einfügen  Format  ?

<html>
<!--   -----------------------------------------------------  -->
<!--   CDHT Personalentwicklung GmbH  Fotoprotokoll           -->
<!--   -----------------------------------------------------  -->
</head>
<meta name="copyright" content="Christian Badura, Feucht">
<meta name="publisher" content="CDHT Personalentwicklung GmbH">
<meta http-equiv="Content-Type" content="text/html; charset=iso-8859-1">
<style type="text/css"><!--
BODY     {font-family : Arial, Helvetica, sans-serif; color : #999999; font : 10pt;}
H1       {font-family : Arial, Helvetica, sans-serif; color : #000000; font : 12pt; font-weight : bold;}
A        {font-family : Arial, Helvetica, sans-serif; font : 10pt;}
P        {font-size : 10px; font-weight : normal; text-align : center;} -->
</style>

<title>Fotoprotokoll - nur für Teilnehmer gedacht -</title>
</head>

<body bgcolor="#FFFFFF">
<table border="0" width="100%">
<tr><td>
   <p><img src="Miniaturen/logo.jpg" width="189" height="42"></p></td></tr>
</table>
<H1>
Workshop-Titel</H1>
Veranstaltungsort<br>
Veranstaltungstermin<br>
<p>
Ein "Klick" auf die Miniaturansicht zeigt das Original...</p>

<center>
<table border="0" cellspacing="10">
   <tr>
   <td    align="center">  <a href="Seiten/001.htm"><img src="Miniaturen/tn_001_jpg.jpg" alt="001.jpg" border="0"></a></td
   <td    align="center">  <a href="Seiten/002.htm"><img src="Miniaturen/tn_002_jpg.jpg" alt="002.jpg" border="0"></a></td
   <td align="center"> <a href="Seiten/003.htm"><img src="Miniaturen/tn_003_jpg.jpg" alt="003.jpg" border="0"></a></td>
   <td align="center">     <a href="Seiten/004.htm"><img src="Miniaturen/tn_004_jpg.jpg" alt="004.jpg" border="0"></a></td
   <td align="center">     <a href="Seiten/005.htm"><img src="Miniaturen/tn_005_jpg.jpg" alt="005.jpg" border="0"></a></td
   <td align="center">     <a href="Seiten/006.htm"><img src="Miniaturen/tn_006_jpg.jpg" alt="006.jpg" border="0"></a></td
   </tr>
      <TR>
        <!-- Bildunterschriften -->
```

Drücken Sie F1, um die Hilfe aufzurufen.

Abb. 61: Aktuelle Daten einsetzen

Sie müssen zusätzlich beim ersten Mal die Bilddatei Ihres Logos in den Ordner »Miniaturen« kopieren und Namen, Breite (»width«) und Höhe (»height«) einsetzen. Wenn Sie in Thumbs ein Bild markieren und die Tasten [Alt]+[Eingabe] drücken, bekommen Sie alle Bildinformationen angezeigt.

Außerdem setzen Sie hier bei jedem Protokoll die aktuellen Veranstaltungsdaten anstelle der Platzhalter »Workshop«, »Veranstaltungsort« und »Veranstaltungstermin« ein. Die Zeichenfolgen </H1> und <br> stehen für Formatierung und Zeilenumbruch und sollten nicht verändert werden.

Zweiter Schritt

Ich passe die Anzahl der dargestellten Miniaturbilder im HTML-Dokument an, indem ich die überzähligen Tabellen herauslösche.

Dazu suche ich die letzte Bildnummer (im Beispiel wäre das die 032), markiere zunächst die Zeilen, die in der gleichen Bilderzeile zuviel sind und lösche sie.

Abb. 62: Die Bildertabelle anpassen

```
<table border="0" cellspacing="10">
<tr>
    <td align="center"><a href="Seiten/025.htm"><img src="Miniaturen/tn_025_jpg.jpg" alt="025.jpg" border="0"></a></td>
    <td align="center"><a href="Seiten/026.htm"><img src="Miniaturen/tn_026_jpg.jpg" alt="026.jpg" border="0"></a></td>
    <td align="center"><a href="Seiten/027.htm"><img src="Miniaturen/tn_027_jpg.jpg" alt="027.jpg" border="0"></a></td>
    <td align="center"><a href="Seiten/028.htm"><img src="Miniaturen/tn_028_jpg.jpg" alt="028.jpg" border="0"></a></td>
    <td align="center"><a href="Seiten/029.htm"><img src="Miniaturen/tn_029_jpg.jpg" alt="029.jpg" border="0"></a></td>
    <td align="center"><a href="Seiten/030.htm"><img src="Miniaturen/tn_030_jpg.jpg" alt="030.jpg" border="0"></a></td>
</tr>
    <TR>
    <!-- Bildunterschriften -->
    <TD align="center" valign="top"><A href = "Seiten/025.htm">025</A></TD>
    <TD align="center" valign="top"><A href = "Seiten/026.htm">026</A></TD>
    <TD align="center" valign="top"><A href = "Seiten/027.htm">027</A></TD>
    <TD align="center" valign="top"><A href = "Seiten/028.htm">028</A></TD>
    <TD align="center" valign="top"><A href = "Seiten/029.htm">029</A></TD>
    <TD align="center" valign="top"><A href = "Seiten/030.htm">030</A></TD>
    </TR>
<hr noshade color="#FFFFFF">
</table>
<table border="0" cellspacing="10">
<tr>
    <td align="center"><a href="Seiten/031.htm"><img src="Miniaturen/tn_031_jpg.jpg" alt="031.jpg" border="0"></a></td>
    <td align="center"><a href="Seiten/032.htm"><img src="Miniaturen/tn_032_jpg.jpg" alt="032.jpg" border="0"></a></td>
    <td align="center"><a href="Seiten/033.htm"><img src="Miniaturen/tn_033_jpg.jpg" alt="033.jpg" border="0"></a></td>
    <td align="center"><a href="Seiten/034.htm"><img src="Miniaturen/tn_034_jpg.jpg" alt="034.jpg" border="0"></a></td>
    <td align="center"><a href="Seiten/035.htm"><img src="Miniaturen/tn_035_jpg.jpg" alt="035.jpg" border="0"></a></td>
    <td align="center"><a href="Seiten/036.htm"><img src="Miniaturen/tn_036_jpg.jpg" alt="036.jpg" border="0"></a></td>
</tr>
    <TR>
    <!-- Bildunterschriften -->
    <TD align="center" valign="top"><A href = "Seiten/031.htm">031</A></TD>
    <TD align="center" valign="top"><A href = "Seiten/032.htm">032</A></TD>
    <TD align="center" valign="top"><A href = "Seiten/033.htm">033</A></TD>
    <TD align="center" valign="top"><A href = "Seiten/034.htm">034</A></TD>
    <TD align="center" valign="top"><A href = "Seiten/035.htm">035</A></TD>
    <TD align="center" valign="top"><A href = "Seiten/036.htm">036</A></TD>
    </TR>
```

Im Quelltext des HTML-Dokuments bezeichnen
die Tags <tr> und </tr> Anfang und Ende einer
Zeile mit 6 Bildern.

Dritter Schritt

Eine weitere Zeile generiert die Bildunterschriften, die Bildnummern. Auch hier müssen die
überzähligen Programmzeilen gelöscht werden.

Abb. 63: Tabelle der

Bildunterschriften

anpassen

```
<table border="0" cellspacing="10">
<tr>
    <td align="center"><a href="Seiten/025.htm"><img src="Miniaturen/tn_025_jpg.jpg" alt="025.jpg" border="0"></a></td>
    <td align="center"><a href="Seiten/026.htm"><img src="Miniaturen/tn_026_jpg.jpg" alt="026.jpg" border="0"></a></td>
    <td align="center"><a href="Seiten/027.htm"><img src="Miniaturen/tn_027_jpg.jpg" alt="027.jpg" border="0"></a></td>
    <td align="center"><a href="Seiten/028.htm"><img src="Miniaturen/tn_028_jpg.jpg" alt="028.jpg" border="0"></a></td>
    <td align="center"><a href="Seiten/029.htm"><img src="Miniaturen/tn_029_jpg.jpg" alt="029.jpg" border="0"></a></td>
    <td align="center"><a href="Seiten/030.htm"><img src="Miniaturen/tn_030_jpg.jpg" alt="030.jpg" border="0"></a></td>
</tr>
    <TR>
    <!-- Bildunterschriften -->
    <TD align="center" valign="top"><A href = "Seiten/025.htm">025</A></TD>
    <TD align="center" valign="top"><A href = "Seiten/026.htm">026</A></TD>
    <TD align="center" valign="top"><A href = "Seiten/027.htm">027</A></TD>
    <TD align="center" valign="top"><A href = "Seiten/028.htm">028</A></TD>
    <TD align="center" valign="top"><A href = "Seiten/029.htm">029</A></TD>
    <TD align="center" valign="top"><A href = "Seiten/030.htm">030</A></TD>
    </TR>
<hr noshade color="#FFFFFF">
</table>
<table border="0" cellspacing="10">
<tr>
    <td align="center"><a href="Seiten/031.htm"><img src="Miniaturen/tn_031_jpg.jpg" alt="031.jpg" border="0"></a></td>
    <td align="center"><a href="Seiten/032.htm"><img src="Miniaturen/tn_032_jpg.jpg" alt="032.jpg" border="0"></a></td>
    <td align="center"><a href="Seiten/033.htm"><img src="Miniaturen/tn_033_jpg.jpg" alt="033.jpg" border="0"></a></td>
    <td align="center"><a href="Seiten/034.htm"><img src="Miniaturen/tn_034_jpg.jpg" alt="034.jpg" border="0"></a></td>
    <td align="center"><a href="Seiten/035.htm"><img src="Miniaturen/tn_035_jpg.jpg" alt="035.jpg" border="0"></a></td>
    <td align="center"><a href="Seiten/036.htm"><img src="Miniaturen/tn_036_jpg.jpg" alt="036.jpg" border="0"></a></td>
</tr>
    <TR>
    <!-- Bildunterschriften -->
    <TD align="center" valign="top"><A href = "Seiten/031.htm">031</A></TD>
    <TD align="center" valign="top"><A href = "Seiten/032.htm">032</A></TD>
    <TD align="center" valign="top"><A href = "Seiten/033.htm">033</A></TD>
    <TD align="center" valign="top"><A href = "Seiten/034.htm">034</A></TD>
    <TD align="center" valign="top"><A href = "Seiten/035.htm">035</A></TD>
    <TD align="center" valign="top"><A href = "Seiten/036.htm">036</A></TD>
    </TR>
```

Vierter Schritt

Nun sind noch alle restlichen Bilderzeilen zu
entfernen. Dafür wird eine Markierung bei der
nächsten Zeile mit dem Ausdruck »<table bor-
der...« begonnen ...

```
<table border="0" cellspacing="10">
    <tr>
      <td align="center"><a href="Seiten/031.htm"><img src="Miniaturen/tn_031_jpg.jpg" alt="031.jpg" border="0"></a></td>
      <td align="center"><a href="Seiten/032.htm"><img src="Miniaturen/tn_032_jpg.jpg" alt="032.jpg" border="0"></a></td>
    </tr>
      <TR>
            <!-- Bildunterschriften -->
            <TD align="center" valign="top"><A href = "Seiten/031.htm">031</A></TD>
            <TD align="center" valign="top"><A href = "Seiten/032.htm">032</A></TD>
      </TR>
<hr noshade color="#FFFFFF">
</table>
<table border="0" cellspacing="10">
    <tr>
    <td align="center"><a href="Seiten/037.htm"><img src="Miniaturen/tn_037_jpg.jpg" alt="037.jpg" border="0"></a></td>
      <td align="center"><a href="Seiten/038.htm"><img src="Miniaturen/tn_038_jpg.jpg" alt="038.jpg" border="0"></a></td>
      <td align="center"><a href="Seiten/039.htm"><img src="Miniaturen/tn_039_jpg.jpg" alt="039.jpg" border="0"></a></td>
      <td align="center"><a href="Seiten/040.htm"><img src="Miniaturen/tn_040_jpg.jpg" alt="040.jpg" border="0"></a></td>
      <td align="center"><a href="Seiten/041.htm"><img src="Miniaturen/tn_041_jpg.jpg" alt="041.jpg" border="0"></a></td>
      <td align="center"><a href="Seiten/042.htm"><img src="Miniaturen/tn_042_jpg.jpg" alt="042.jpg" border="0"></a></td>
    </tr>
      <TR>
            <!-- Bildunterschriften -->
            <TD align="center" valign="top"><A href = "Seiten/037.htm">037</A></TD>
            <TD align="center" valign="top"><A href = "Seiten/038.htm">038</A></TD>
            <TD align="center" valign="top"><A href = "Seiten/039.htm">039</A></TD>
            <TD align="center" valign="top"><A href = "Seiten/040.htm">040</A></TD>
            <TD align="center" valign="top"><A href = "Seiten/041.htm">041</A></TD>
            <TD align="center" valign="top"><A href = "Seiten/042.htm">042</A></TD>
      </TR>
```

Abb. 64: Überflüssige Zeilen markieren ...

... und bis kurz vor das Ende der Datei gezogen.

```
      <TR>
            <!-- Bildunterschriften -->
            <TD align="center" valign="top"><A href = "Seiten/103.htm">103</A>       </TD>
            <TD align="center" valign="top"><A href = "Seiten/104.htm">104</A>       </TD>
            <TD align="center" valign="top"><A href = "Seiten/105.htm">105</A>       </TD>
            <TD align="center" valign="top"><A href = "Seiten/106.htm">106</A>       </TD>
            <TD align="center" valign="top"><A href = "Seiten/107.htm">107</A>       </TD>
            <TD align="center" valign="top"><A href = "Seiten/108.htm">108</A>       </TD>
      </TR>
<hr noshade color="#FFFFFF">
</table>

</center>
</body>
</html>
```

Abb. 65: ... und anschließend löschen.

Unmarkiert bleiben die letzten drei Zeilen ab <center>. Mit der Taste [Entf.] lösche ich die überzähligen Programmzeilen. Wäre die Nummer 032 mein letztes Bild, würde das Ende des Quelltextes so aussehen:

```
            <TD align="center" valign="top"><A href = "Seiten/024.htm">024</A></TD>
        </TR>
<hr noshade color="#FFFFFF">
</table>
<table border="0" cellspacing="10">
  <tr>
        <td align="center"><a href="Seiten/025.htm"><img src="Miniaturen/tn_025_jpg.jpg" alt="025.jpg" border="0"></a></td>
        <td align="center"><a href="Seiten/026.htm"><img src="Miniaturen/tn_026_jpg.jpg" alt="026.jpg" border="0"></a></td>
        <td align="center"><a href="Seiten/027.htm"><img src="Miniaturen/tn_027_jpg.jpg" alt="027.jpg" border="0"></a></td>
        <td align="center"><a href="Seiten/028.htm"><img src="Miniaturen/tn_028_jpg.jpg" alt="028.jpg" border="0"></a></td>
        <td align="center"><a href="Seiten/029.htm"><img src="Miniaturen/tn_029_jpg.jpg" alt="029.jpg" border="0"></a></td>
        <td align="center"><a href="Seiten/030.htm"><img src="Miniaturen/tn_030_jpg.jpg" alt="030.jpg" border="0"></a></td>
  </tr>
        <TR>
        <!-- Bildunterschriften -->
            <TD align="center" valign="top"><A href = "Seiten/025.htm">025</A></TD>
            <TD align="center" valign="top"><A href = "Seiten/026.htm">026</A></TD>
            <TD align="center" valign="top"><A href = "Seiten/027.htm">027</A></TD>
            <TD align="center" valign="top"><A href = "Seiten/028.htm">028</A></TD>
            <TD align="center" valign="top"><A href = "Seiten/029.htm">029</A></TD>
            <TD align="center" valign="top"><A href = "Seiten/030.htm">030</A></TD>
        </TR>
<hr noshade color="#FFFFFF">
</table>

<table border="0" cellspacing="10">
    <tr>
        <td align="center"><a href="Seiten/031.htm"><img src="Miniaturen/tn_031_jpg.jpg" alt="031.jpg" border="0"></a></td>
        <td align="center"><a href="Seiten/032.htm"><img src="Miniaturen/tn_032_jpg.jpg" alt="032.jpg" border="0"></a></td>
    </tr>
        <TR>
        <!-- Bildunterschriften -->
            <TD align="center" valign="top"><A href = "Seiten/031.htm">031</A></TD>
            <TD align="center" valign="top"><A href = "Seiten/032.htm">032</A></TD>
        </TR>
<hr noshade color="#FFFFFF">
</table>

</center>
</body>
</html>
```

Abb. 66: Das fertige Tabellenende

Fünfter Schritt

Nun passe ich noch die Anzahl der Bildseiten selbst an, indem ich im Verzeichnis »Seiten« alle HTML-Dateien ab 033.htm aufwärts lösche. Natürlich habe ich an anderer Stelle auf der Festplatte den kompletten Vorlagensatz gespeichert, von dem ich jedes Mal Kopien anfertige.

Sechster Schritt

Zuletzt muss auf der letzten Seite die Möglichkeit zum Weiterblättern entfernt werden. Ich öffne auch dieses Dokument in WordPad ...

```
032 - WordPad
Datei Bearbeiten Ansicht Einfügen Format ?

<!-- -------------------------------------------------- -->
<!--       CDHT Personalentwicklung GmbH    Fotoprotokoll   -->
<!-- -------------------------------------------------- -->
<HEAD>
<TITLE>032</TITLE>
<meta name="copyright" content="Christian Badura, Feucht">
<meta name="publisher" content="CDHT Personalentwicklung GmbH">

<style type="text/css"><!--
BODY    {font-family : Arial, Helvetica, sans-serif;}
P       {font-size : 16px; font-weight : bold; color : #000000;} -->
</style>
</HEAD>
<BODY bgcolor="#ffffff" link="#ff0000" vlink="#52188C">

<!-- Firmenlogo -->
<table border="0" width="100%">
<tr><td>
    <p align="center"><img src="../Miniaturen/Logo.jpg" width="189" height="42" alt="" border="0"></p></td></tr>
</table>

<!-- Bildnummer -->
<P>032</P>

<!-- Navigationspfeile -->
<P><CENTER>
<TABLE border="0" cellpadding="0" cellspacing="2" width="200">
<TR>
    <TD width="80" align="center"><A href="031.htm"><IMG src="../Miniaturen/vorher.gif" height="30" width="30" border="0" a
    <TD width="80" align="center"><A href="../FotoProtokoll.htm"><IMG src="../Miniaturen/Uebersicht.gif" height="30" width=
    <TD width="80" align="center"><A href="033.htm"><IMG src="../Miniaturen/nachher.gif" height="30" width="30" border="0"
</TR>
</TABLE>
</CENTER></P>

<!-- Bild -->
<P><CENTER><IMG src="../Bilder/032.jpg" border="0" alt="032"></CENTER></P>

</BODY>
</HTML>
```

Drücken Sie F1, um die Hilfe aufzurufen.

Abb. 67: Die letzte Bildseite anpassen

... und suche die drei Zeilen mit dem Beginn »<TD width="80"...«. Die letzte davon bringt den Rechtspfeil auf den Bildschirm, indem es das Bild »nachher.gif« lädt. Löscht man die ganze Zeile, ist der Pfeil verschwunden.

Damit die Bilder überhaupt angezeigt werden können, müssen sich entsprechende Bilddateien im Ordner Miniaturen befinden. Sie finden kostenlose Pfeile beispielsweise auf der Website http://www.free-clipart.net/main.html in der Kategorie »Icons -> Arrows«. Aus einem Pfeil können Sie mit einem Bildbearbeitungsprogramm durch drehen bzw. spiegeln rasch die anderen beiden generieren.

Die Dateinamen der Bilder müssen zu denen im
HTML-Dokument passen. Ich habe »vorher.gif«,
»Uebersicht.gif« und »nachher.gif« vorgesehen.

Außerdem ist auf den Bilderseiten Platz für ein
Logo eingerichtet. Wenn die Bilddatei Ihres Logos »Logo.jpg« heißt und sich im Ordner »Miniaturen« befindet, wird sie angezeigt. Allerdings
müssen Sie die Größe angleichen – und das auf
allen Seiten!

Sie können einen solchen Satz Vorlagen kostenlos
von der Internetseite www.fotoprotokoll.com her-
unterladen. Weitere Angaben dazu im Anhang.

7.5. Dateien umbenennen

Die Bilddateien der Digitalkameras haben zunächst
völlig abstrakte, fortlaufend nummerierte Dateinamen. Wenn Sie eine Dokumentation nur drucken
und die Dateien selbst nicht archivieren, können
Sie es dabei belassen. In allen anderen Fällen, z.B.
beim Generieren von Fotoalben wie im letzten Abschnitt oder beim Umstellen der Dateireihenfolge,
werden Sie eigene Dateinamen verwenden wollen
und müssen.

Dreißig oder mehr einzelne Dateien Stück für Stück
über die windowseigenen Bordmittel umzubenen-
nen, ist ein zeitraubendes und mühseliges Unter-
fangen. Aber auch diese Arbeit können Ihnen kostenlose Helferlein aus dem Internet abnehmen.

7.5.1. Umbenennen mit Joe

Das bekannteste Tool dafür ist das kostenlose Programm »Joe«. Nach dem Programmstart markieren Sie im Windows-Explorer die umzubenennenden Dateien und ziehen Sie mit der Maus in das Programmfenster von Joe.

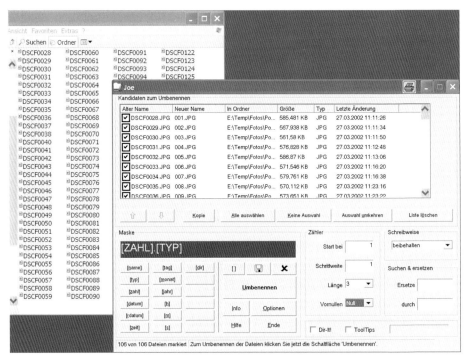

Abb. 68: Komfortabel umbenennen mit „Joe"

Dann legen Sie fest, nach welcher Systematik die neuen Dateinamen vergeben werden sollen. Ich selber verwende meistens eine Nummerierung von 001 bis 00x. Dazu markieren Sie in Joe den vorgegebenen Eintrag [NAME] in der Maske und ersetzen ihn

mit einem Mausklick auf [Zahl]. Achten Sie darauf,
den Punkt zwischen [NAME] und [TYP] nicht mitzu-
markieren.

Anschließend können Sie im Abschnitt »Zähler«
Ihre Vorgaben festlegen.

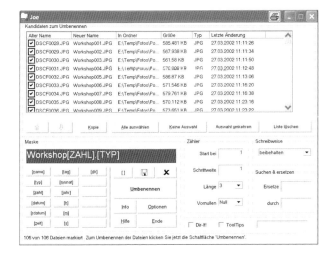

Abb. 69: „Joe" zum
Umbenennen einstellen

Im Dateifenster sehen Sie in der Spalte »Neuer
Name« sofort die Auswirkungen Ihrer Eintragungen.
Wenn Sie möchten, können Sie in die Maske vor
oder hinter [Zahl] auch Text eintragen, etwa »Workshop« oder andere für Sie eindeutige Bezeichnun-
gen.

Mit einem Klick auf die Schaltfläche [Umbenennen]
erledigen Sie die ganze Arbeit des Neubenennens.
Das Programm bietet eine Fülle weiterer Optionen,
die in einer beigefügten ▶ *HTML*-Seite erläutert

werden. Die Seite wird angezeigt, sobald Sie auf die Schaltfläche [Hilfe] klicken.

»Joe« können Sie über die Internetseite zum Buch www.fotoprotokoll.com gratis beziehen.

7.5.2. Umbenennen mit IrfanView

Auch mit dem kostenlosen Grafikbetrachtungsprogramm IrfanView lassen sich Dateien komfortabel umbenennen. Wenn Sie keine umfangreichen Funktionen brauchen, sondern einfache Kombinationen aus Ziffern, altem Namen und/oder vorgegebenem Text ausreichen, ist es sogar erste Wahl.

Wählen Sie im Dateimenü den Menüpunkt »Batchkonvertierung/Umbenennung« und öffnen Sie im darauf folgenden Dialogfenster zunächst unter »Suchen in:« den Ordner, in dem sich Ihre Bilddateien befinden.

Wenn Sie zuvor die Miniaturenanzeige (»Thumbnails« im Dateimenü) aktiviert haben, wird automatisch der dort ausgewählte Ordner vorgegeben.

Erster Schritt
Markieren Sie die Dateien, die umbenannt werden sollen, und übernehmen Sie sie mit der Schaltfläche [Hinzufüg.] in das linke Dateien-Fenster. Wie in fast allen Windows-Programmen können Sie mit der Tastenkombination [Strg]+[A] blitzschnell alle Dateien markieren.

Zweiter Schritt

Setzen Sie mit einem Mausklick im Abschnitt
»Arbeite als:« einen Punkt bei der Option
»Batch-Umbenennen«.

Dritter Schritt

Legen Sie anschließend unter »Optionen fürs
Umbenennen:« die Dateimaske fest. Im ange-
führten Beispiel werden die Dateien automatisch
die Bezeichnung »Workshop« und dreistellige
Ziffern als Namen erhalten (###). Die Dateiendung bleibt unangetastet.

*Abb. 70: Umbenennen mit
IrfanView*

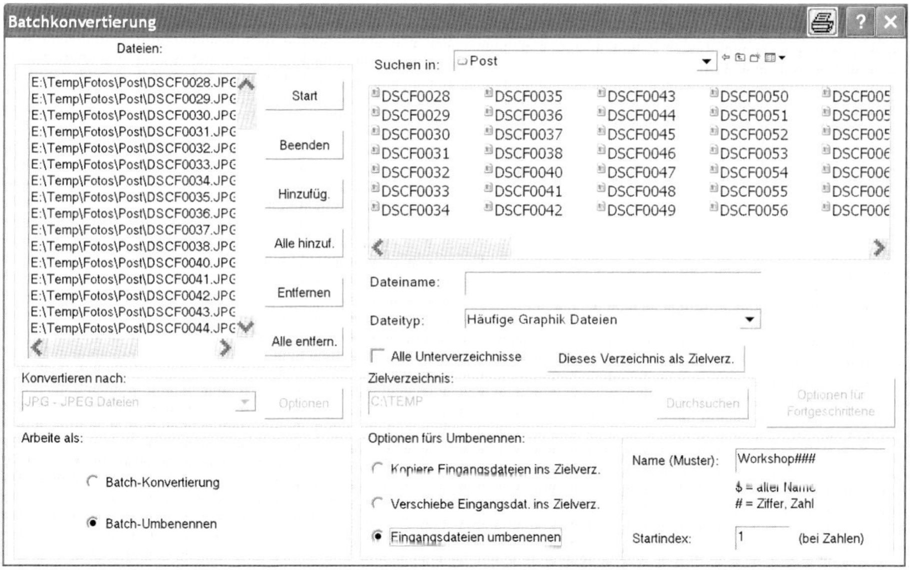

7.6. Richtig archivieren

Seit ich unterwegs einen Laptop dabei habe, steht mir auch jederzeit ein umfangreiches Archiv von Charts und Interventionen zur Verfügung. Jedenfalls dann, wenn es mir gelingt, die Bilder so zu archivieren, dass ich sie auch wiederfinden kann.

Natürlich bietet sich zunächst einmal das Speichern im Zusammenhang mit der Veranstaltung und dem Kunden an. Ich lege hierfür Ordner auf der Festplatte an:

Abb. 71: Ordnerstruktur
auf der Festplatte zum
Archivieren

Darüber hinaus wäre sicher auch eine thematische Aufbereitung der Daten wünschenswert, wie sie in Spielesammlungen und anderen Rezeptbüchern des Trainerhandwerks zu finden sind: Sortiert und findbar unter verschiedenen Kategorien und Kontexten.

7.6.1. Ein Interventionsarchiv anlegen

ThumbsPlus 2002 bietet eine solche Funktion, ohne dafür weiteren Speicherplatz zu verbrauchen. In Form von so genannten Galerien lassen sich Bildminiaturen (Thumbnails) mit Verweisen auf das Originalbild unter beliebigen Überschriften abspeichern und wie Dateien in Ordnern betrachten.

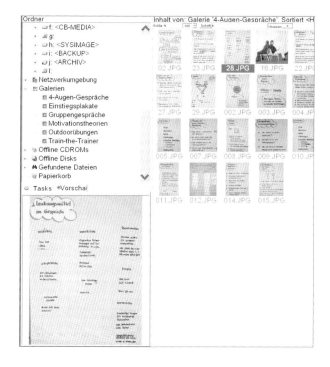

Abb. 72: Galerien als Interventionsarchiv

Um die erste Galerie anzulegen, ziehen Sie eine Miniatur aus einem Verzeichnis mit der Maus auf das Verzeichnis „Galerien" im Verzeichnisfenster. Sie finden diesen Eintrag ziemlich weit unten. Es öffnet sich automatisch eine kleine Dialogbox, in die Sie

den Namen der neuen Galerie eintragen. Das vorge-
gebene Häkchen »Manuelle Sortierung« bewirkt,
dass Sie die Bildreihenfolge in der Galerie selbst bestimmen können, indem Sie die Miniaturdarstellun-
gen mit der Maus verschieben.

Nach [OK] generiert Thumbs eine Galerie, die in der
Handhabung einem Verzeichnis gleicht. Sie können
das Bild durch Doppelklick oder durch den Aufruf
der Diashow in der Originalgröße betrachten. Tatsächlich speichert das Programm jedoch nur eine
Verknüpfung zur Originaldatei.

Sie können auf die gleiche Art und Weise ein einzi-
ges Bild auch verschiedenen Galerien gleichzeitig
zuordnen. Eine verblüffend einfache Möglichkeit,
eine übersichtliche Interventionsdatenbank unab-
hängig von einzelnen Veranstaltungen anzulegen.

Im Verlauf der Zeit sammelt sich dennoch eine riesi-
ge Datenmenge an. Eine Komprimierung der ▶ *JPG-*
Dateien mit speziellen Komprimierungsprogrammen
wie ▶ Win*Zip* und anderen bringt nichts mehr, weil
die Dateien ja schon komprimiert sind. Allerdings
steht in dieser Hinsicht die Zeit nicht still und fast

täglich gibt es Nachrichten über neue Komprimie-
rungsverfahren.

Es lohnt sich sicher, Augen und Ohren offen zu halten. Neue Verfahren wie JPG2000 oder Wavelet müssen nicht nur ausreifen, sondern sich auch als eine
Art Standard durchsetzen, damit alle Programme,
die damit zu tun bekommen, diese auch verarbeiten
können, von der reinen Anzeige auf dem Bildschirm
bis zum Ausdrucken und Bearbeiten.

Glücklicherweise sind heute Festplatten mit hoher
Speicherkapazität erschwinglich geworden und so-
mit selbst Laptops oft schon mit 20 ▶ Giga*byte* oder
mehr ausgestattet. Bei älteren Modellen muss man
sich mit knappem Speicherplatz nicht abfinden. Der
Austausch der alten Laptop-Harddisk gegen eine
neue mit größerer Kapazität kann durchaus erschwinglich sein. Er lässt sich sogar – ein bisschen
Mut vorausgesetzt – vom Laien selbst bewerkstelligen.

7.6.2. Eine CD fasst mindestens 600 Bilder

Wenn Sie dennoch Festplattenkapazität sparen wollen, können Sie die Archivdaten auch auf einer
(oder mehreren) CD-ROM unterbringen.

Wenn eine Bilddatei 500 ▶ *KB* Speicherplatz belegt
(viele Fotos werden nur die Hälfte davon benötigen), passen auf eine CD mehr als 1500 Digitalfotos.
Natürlich kann dieser Wert, je nach verwendeter

Bildauflösung und Komprimierungsrate, auch stark abweichen. Sie werden aber unter allen Umständen mindestens 600 Bilder auf der CD-ROM speichern können.

8. Checkliste:
Fotoprotokolle richtig erstellen

Vorbereitung

- ❑ Pinwände richtig bespannen
  damit der Blitz nicht zu stark reflektiert wird   ▶ S. 29

- ❑ Kameraeinstellungen überprüfen
  damit Sie falsche Einstellungen rechtzeitig bemerken   ▶ S. 25

- ❑ Belichtungskorrektur
  damit voraussehbare Helligkeitsmängel abgestellt
  werden   ▶ S. 28

- ❑ Blitzzuschaltung
  damit das Licht reicht und die Verwacklungsgefahr
  reduziert wird   ▶ S. 28

- ❑ Datenkompression
  damit möglichst viele Bilder auf das Speichermedium
  passen   ▶ S. 25

Fotografieren

- ❑ Abstand „blitzgerecht" wählen
  damit der Helligkeitsunterschied zwischen Bildmitte
  und Rändern im Rahmen bleibt   ▶ S. 34

- ❑ Auf gerade Kanten achten
  damit unschöne Bildränder vermieden werden   ▶ S. 34

- ❑ Ausschnitt etwas größer wählen
  damit auf jeden Fall alles im Bild ist   ▶ S. 34

CHECK

❏ Kamera ruhig halten, bis sie wirklich ausgelöst hat
damit die Auslöseverzögerung von
Digitalkameras nicht zum Verwackeln führt ▶ S. 35

❏ Eventuell Platzhalter fotografieren für Aufnahmen,
die erst später gemacht werden können
damit das Sortieren und Umbenennen der Dateien
wenig Arbeit macht ▶ S. 31

❏ Auch Teilnehmerfotos schießen
damit das Protokoll lebendiger wird ▶ S. 15

❏ Fotos sofort kontrollieren
damit Sie rechtzeitig merken, wenn etwas schief
gegangen ist ▶ S. 35

Protokoll anfertigen

❏ Bilddateien auf den PC übertragen
damit Sie sie weiterverarbeiten können ▶ S. 38

❏ Bilder um 90° drehen
damit sie aufrecht stehen ▶ S. 45

❏ Bilder verkleinern
damit sie weniger Platz auf der Festplatte beanspruchen ▶ S. 47

❏ Bildausschnitte bestimmen
damit nur das zu sehen ist, was zu sehen sein soll ▶ S. 55

❏ Farb- und Kontrastkorrekturen vornehmen
damit alles gut zu erkennen ist ▶ S. 45

❏ Texte einfügen
damit Ihre Kommentare und Ergänzungen ins
Protokoll kommen ▶ S. 60

CHECK

❏ Dokumente einfügen
*damit außer den Fotos auch andere Unterlagen
im Protokoll sind* ▶ S. 68

❏ Dateien umbenennen
*damit die kryptischen Dateinamen aus der Kamera
verschwinden* ▶ S. 106

Protokoll veröffentlichen

❏ Teilnehmerprotokoll drucken
*damit alle Mitwirkenden schnellstens zu ihren
Unterlagen kommen* ▶ S. 79

❏ Trainerprotokoll drucken
*damit die eigenen Unterlagen übersichtlich und
knapp zugleich bleiben* ▶ S. 71

❏ Zusätzlich oder alternativ Bildergalerie auf CD erstellen
*damit die Teilnehmer ein zeitgemäßes Protokoll erhalten
und außerdem Papier und Druckkosten gespart werden* ▶ S. 87

Archivieren

❏ Protokoll archivieren
*damit Sie später wissen, was alles vermittelt und
erarbeitet wurde* ▶ S. 88

❏ Interventionsdatenbank füttern
*damit Sie ein gelungenes Chart zu einem bestimmen
Thema jederzeit als Vorlage zur Verfügung haben* ▶ S. 110

CHECK

9. Muster-Fotoprotokoll

Erfahren Sie nun anhand eines Praxisbeispiels, wie man ein Foto-protokoll strukturieren kann. Als Beispiel habe ich ein nicht ganz alltägliches Seminar ausgewählt: Das Thema „Führungskraft als Coach" sollte mit praktischen Erlebnissen verknüpft werden. Im Hochseilgarten wurde Coaching beim Erreichen hochgesteckter Ziele wechselseitig ausprobiert.

Die Teilnehmerfotos sind dadurch spektakulärer als sonst. Aber auch Fotos aus einem Rollenspiel oder während einer Gruppenar-beit wirken äußerst belebend. Mehr als ein Drittel des Protokolls sollten diese Bilder jedoch nicht einnehmen.

Auf Seite 128 sehen Sie ein Beispiel für hinzugefügten Text. In diesem Fall ein paar Stichworte zur Erinnerung. Auch in anderen Fällen wären lange Erklärungen fehl am Platz. Sie würden den Charakter eines Fotoprotokolls verändern.

Wahrscheinlich werden auch Sie die Protokolle auf Ihrem Papier und mit Ihrem Logo versehen ausdrucken. Sie sollten dabei aber darauf achten, dass nicht das Layout dominiert, sondern dass alle Schlüsselerlebnisse und -erkenntnisse der Akteure die notwendi-gen Eyecatcher liefern.

Im Beispiel habe ich mein Begrüßungschart als Titel verwendet. Sie könnten zusätzlich eine Seite vorschalten, die alle wichtigen Angaben zur Veranstaltung enthält. Darauf könnte auch dieser Hinweis untergebracht werden:

»Vertraulich! Dieses Fotoprotokoll ist nur für Teilnehmer bestimmt, denn nur sie kennen den Zusammenhang und die genaue Bedeu-tung der einzelnen Charts.«

BEISPIEL

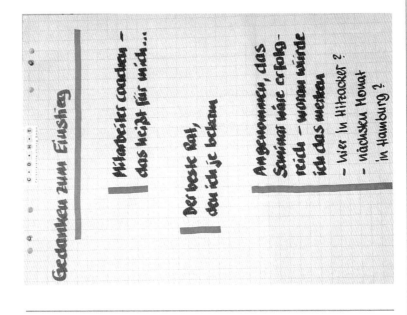

Gedanken zum Einstieg

| Mitarbeiter coachen –
das heißt für mich...

| Der beste Rat,
den ich je bekam

| Angenommen, das
Seminar wäre erfolg-
reich – woran würde
ich das merken
– hier in Hitzacker?
– nächsten Monat
in Hamburg?

Herzlich
Willkommen
zum Seminar

Die Führungskraft
als Coach

Hitzacker

24. – 26. April 2002

mit
Christian Badura

Coaching - was ist das?
(im Kontext „Führungskraft als Coach")

Coaching zielt auf die Einstellung und das Verhalten des Mitarbeiters bezogen auf den jeweiligen Arbeitsplatz. Es ist ein von beiden Seiten - der Führungskraft und dem Mitarbeiter - bewusst gestalteter Entwicklungsprozess im Sinne eines Noch-Besser-Prozesses. Dieser Entwicklungsprozess kann sich auf die Aufgabenreife und/oder auf die psychologische Reife des Mitarbeiters beziehen.

Zur Aufgabenreife gehören Fragestellungen wie:
- Welche Erfahrung hat der Mitarbeiter im Rahmen der Aufgabenstellung?
- Welches Fachwissen besitzt er, welches benötigt er noch?
- Welches Aufgabenverständnis zeigt der Mitarbeiter?
- Wie selbständig löst er Probleme?
- Wie geht er mit neuen Problemstellungen um?
- Wie ist es um seine Zuverlässigkeit bestellt?
- Welcher Qualitätsstandard wird erreicht?

Bei der psychologischen Reife geht es um die Fragen
- Wie Verantwortungsbereit zeigt sich der Mitarbeiter?
- Wie sieht es mit der Leistungswillen, der Leistungsbereitschaft aus?
- Wie steht es um die Identifikation mit der Arbeit und der damit verbundene Rolle?
- Wie ist es um Ausdauer und Beharrlichkeit bestellt?
- Wie initiativ ist der Mitarbeiter?

Coaching ist ein vertraulicher, partnerschaftlicher Prozess, der auf einem klaren Kontrakt basieren muss. Insofern stellt Coaching an beide Beteiligten einen hohen Anspruch an die Fähigkeit zur Rollendifferenzierung. Hier geht es nicht um Unterweisung, was dem alltäglichen Rollenverständnis Führungskraft/ Mitarbeiter eher entsprechen würde. (s.a. Hamann/Huber, Coaching, 2001; Stiefel, Innovationsfördernde Personalentwicklung, 1991)

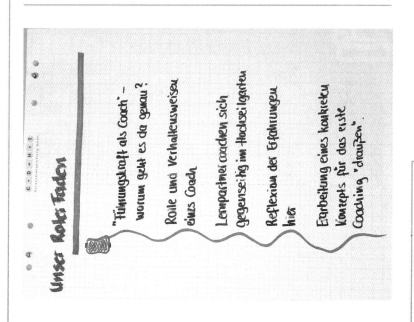

Unser Roter Faden

"Führungskraft als Coach" -
worum geht es da genau?

Rolle und Verhaltensweisen
eines Coach

Lernpartner coachen sich
gegenseitig im Hochseilgarten

Reflexion der Erfahrungen
hier

Erarbeitung eines konkreten
Konzepts für das erste
Coaching "draußen".

BEISPIEL

Unerwarteter Karriereknick

In optimistischer Stimmung betrat Jack Simpson das Büro des Executive Vice President. Sein Chef war gerade befördert worden, so dass auf der Ebene des Division Vice President eine Position frei geworden war. Jack, der stellvertretender Division Manager war und für die größte Produktgruppe verantwortlich zeichnete, war sicher, dass er die Stelle bekommen würde. Seine Karriere war von raschen Beförderungen gekennzeichnet. Nur selten hatte er eine Position länger als 18 Monate innegehabt, und er konnte eine Reihe von Erfolgen verbuchen. Für ihn war die Tatsache, dass seine Nachfolger stets schlechtere Betriebsergebnisse hatten als er, ein Beweis für sein überragendes Können.

Doch das Gespräch nahm einen ganz anderen Verlauf, als Jack erwartet hatte. Als erstes stellte der EVP eine Frage: „Nennen Sie drei Leute, die heute auf Ihrer Ebene oder auf einer höheren Ebene stehen, weil Sie sich mit ihnen beschäftigt haben." Nach einer Pause, in der Jack voller Unbehagen herauszufinden versuchte, ob der EVP seine Frage ernst meinte, antwortete er: „Ich kann niemanden nennen." „Jack", sagte der EVP, „Sie haben gute Arbeit für die Firma geleistet. Was Sie persönlich getan haben, war erfolgreich. Die Abteilungen, die Sie leiten, haben gute Leistungen vorzuweisen. Aber sie zeigen keine guten Leistungen mehr, nachdem Sie sie verlassen haben. Der Faktor, der das Wachstumspotenzial unseres Unternehmens begrenzt, sind gute Manager.

Es gibt keine wichtigere Aufgabe, als gute Leute zu finden und zu entwickeln. Die Zahlen sind nicht das Wichtigste; es geht um die Qualität der Leute. Mein wichtigstes Kriterium bei der Beurteilung von Führungskräften ist ihre Fähigkeit, Mitarbeiter zu beurteilen und zu entwickeln." Der EVP ging an einen Flipchart und zeichnete eine Matrix. Auf der einen Seite schrieb er: „Der Einzelbeitrag eines Managers", auf der anderen: „Fördert Untergebene und entwickelt die Fähigkeiten der Organisation".

Dann wandte er sich zu Jack und zeigte die obere linke Ecke des Kastens. „Sie sind hier, Jack", sagte er, „ich brauche ausgewogene Leute."

„Und das", schloss der EVP, „ist der Grund dafür, dass wie Sie nicht befördern. Sie haben zu sehr auf Ihre Karriereleiter geschielt und es dabei versäumt, den Nachwuchs für dieses Unternehmen zu entwickeln." Enttäuscht und verwirrt verließ Jack das Büro des EVP und machte seinem Ärger Luft: „Warum hat er mir das nicht fünf Jahre früher gesagt?"

[Mills, Die neuen Chefs, 1988]

10 Thesen zur Beratung

1. Ein soziales System wird definiert durch seine Mitglieder, die über kommunikative Akte Sinn und Grenzen des Systems konstituieren.

2. Als soziales System können beliebige Gruppen von Menschen betrachtet werden. Die einzelnen Mitglieder werden als psychische Systeme bezeichnet.

3. Jedes System ist in ständiger Veränderung begriffen.

4. Eine Veränderung bei einem Mitglied kann Veränderungen bei allen anderen in Relation stehenden Mitgliedern bewirken.

5. Der jeweilige Systemzustand ist die einzige derzeit mögliche Anpassung an alle das System anregenden Umweltimpulse.

6. Der jeweilige Systemzustand ist immer eine subjektive Rekonstruktion durch einen Beobachter; jede Erkenntnis ist beobachterabhängig.

7. Unterschiedliche Rekonstruktionen eines Systemzustandes eröffnen je spezifische Optionen zur Veränderung.

8. Interventionen können nicht eine bestimmte Veränderung in einem bestimmten System kausal verursachen.

9. Interventionen können einen Veränderungsimpuls an ein System geben, wenn sie zum momentanen Zustand des Systems passen.

10. Das angeregte System bestimmt selbst, in welche Richtung und in welchem Ausmaß der Impuls eine Veränderung hervorruft.
[nach Heinz-Detlef Scheer, Bremen]

Übersetzung in die Praxis
(zehn hilfreiche Behauptungen über Menschen)

(1) Ein System ist z.B. Ihre Arbeitsgruppe, sind Ihre Mitarbeiter, oder die Mitarbeiter mit Ihren Kunden. Die Sinngebung besteht z.B. darin, dass der eine Verkäufer, der andere Kunde ist.

(2) Das sind z.B. Sie selbst.

(3) Alle möglichen Bedingungen verändern sich. Die Mitglieder werden älter, die Ansprüche ändern sich, Gesetze, Arbeitsbedingungen.... Streng genommen ist ein System, dass sich nicht mehr ändert, tot.

(4) Wenn sich einer ändert, z.E. eine bestimmte Rolle ablegt, dann hat das auf andere Auswirkungen, ob die es sich anmerken lassen oder nicht, ob die es merken oder nicht....

(5) Wie eine Gruppe von Menschen sich verhält, verhält sie sich aus Ihrer Sicht heraus optimal. Wenn ein Verein zur Mitgliederwerbung Anzeigen aufgibt und nicht Einzelgespräche an der Haustür führt, dann macht er das, weil er es nach Abwägung von Für und Wider für die beste Lösung hält. Ob das, von außen betrachtet, nun auch so ist oder nicht, spielt keine Rolle. Man kann aber auf jeden Fall davon ausgehen, dass eine Gruppe von Menschen nicht mutwillig etwas zweitbestes oder gar sinnloses tut. Es sei denn, die Sinnlosigkeit ist gerade der Sinn, wie z.B. bei einem Clown.

(6) Was der eine so sieht, sieht der andere so. Wer für den einen insgesamt „unberechenbar" ist, ist für den anderen „flexibel". D.h. was jemand tatsächlich ist, hängt nicht von ihm selbst ab, sondern von dem, der ihn beschreibt.

(7) „Das Glas ist halb leer", sagte der Pessimist und fing an zu jammern und zu überlegen, wie um alles ir der Welt man denn nun neues Wasser bekäme. „Quatsch!", sagte da der Optimist, „das Glas ist doch noch halb voll!", und er widmete sich dem Genuss des Lebens.

(8) Jeder, der Kinder hat, weiß, was gemeint ist.

(9) Jeder, der einen pubertierenden Sohn hat, der nach Unabhängigkeit strebt, weil das genau zu seiner Lebensphase passt, weiß, dass es völlig zwecklos ist, den Sohn davon zu überzeugen, wie nett doch eine Geburtstagsfeier im Kreise der lieben älteren Verwandten wäre.

(10) Haben Sie auch schon erlebt: Ihr Nachbar schreit sein Kind an, weil es gerade dabei ist, auf einem frisch angelegten Beet eine Baustelle zu eröffnen, und was macht das Kind? Die Instruktion (oder der Befehl! Bei einigen Leuten fragt man sich ja, warum sie sich statt eines Kindes keinen Punching-Ball anschaffen) war klar: „Lass das und mach das wieder in Ordnung!" Aber dem Kind fällt nichts Besseres ein, als eine echte Schnute ziehend, mit hängenden Armen in seine Nölecke zu marschieren. Tja, hat nicht geklappt!

BEISPIEL

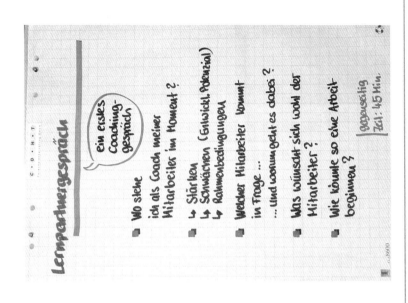

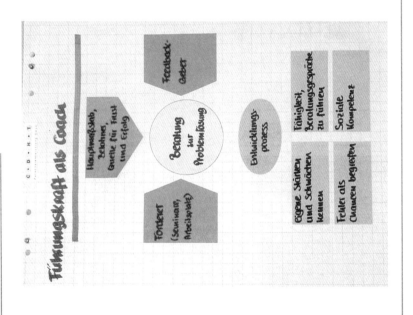

C. Badura: Fotoprotokolle. Seminare lebendig dokumentieren

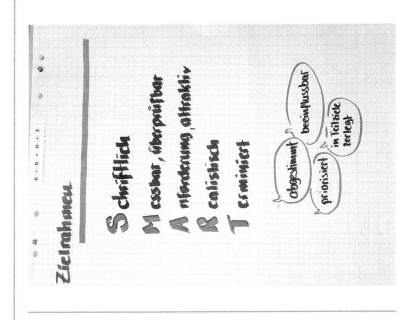

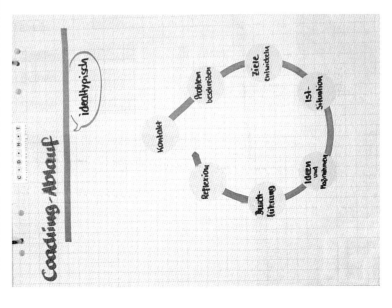

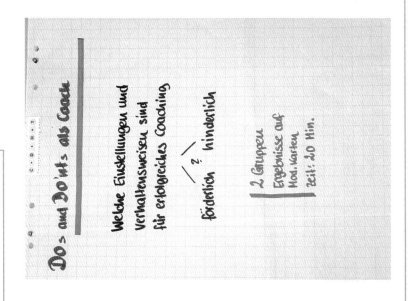

C. Badura: Fotoprotokolle. Seminare lebendig dokumentieren

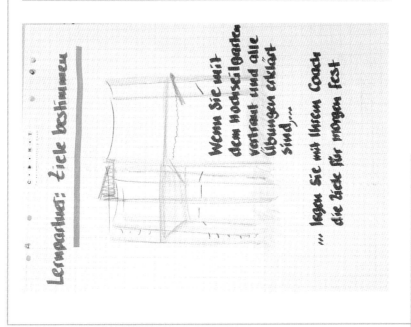

Lernportrat: Ziele bestimmen

Wenn Sie mit
dem Hochseilgarten
vertraut und alle
Übungen erläart
sind,...

... legen Sie mit Ihrem Coach
die Ziele für morgen fest

BEISPIEL

Wie hoch?
Wie schnell?
Mit wie viel Hilfe?

Wir hängen
voneinander ab!

Reframing

Reframing heißt:
Einen neuen Rahmen geben, etwas durch eine andere Brille betrachten.
Reframing heißt nicht:
Setz' die rosarote Brille auf!
Reframing ermöglicht,
• eine Krise als Chance zu betrachten
• positive Aspekte an einem Problem zu entdecken und für sich nützlich zu machen
• problematischem Verhalten einen anderen Rahmen zu geben, um zu überprüfen, ob sich dadurch nützliche Aspekte ergeben
• das Gefangensein in negativen Sichtweisen zu überwinden und wieder Kraft für lösungsorientierte Ideen und Handlungsalternativen zu bekommen

Beispiele aus dem Sport:

• Trainer ist enttäuscht:
Er traut seinen Sportlern mehr zu
• Schwankende Leistungen mehrerer Spieler:
Unberechenbarkeit für den Gegner
• Unzufriedenheit der Ersatzspieler:
Sie zeigen starken Einsatzwillen
• Schwache Trainingsleistung eines Athleten:
Er schont sich für den Ernstfall

Oft hilfreich:
Das Verhalten einer Person nicht als „isolierte Eigenschaft" dieser Person zu betrachten, sondern als Funktion des Verhaltens einer größeren Gruppe (sprich: eines größeren Systems). [Beispiele nach Prof. U. Grau, Universität Kiel]

Lernpartner: Zwischenbilanz

■ Wie läuft unser Coaching-Prozess bisher?
  ↳ Ziele
  ↳ Fortschritte
  ↳ Rolle und Verhalten des Coachs

■ Welche Korrekturen sind sinnvoll?

Wie geht es mir mit Ihnen
  ↳ als Coach?
  ↳ als Coachee?

Zeit: 40 Min.

Konstruktive Fragen

Im Beratungsgespräch dienen Fragen dazu, die «Wirklichkeit» des „Klienten" kennenzulernen und gleichzeitig zu hinterfragen. Sie können außerdem klären, welche Ereignisse Veränderungen ausgelöst haben

• zugeschriebene Eigenschaften relativieren
• den Mythos untergraben, Probleme träten unwillkürlich ohne das Zutun der Beteiligten auf
• Rangfolgen ermitteln, anhand derer sich Unterschiede verdeutlichen lassen
• die Aufmerksamkeit auf das Positive, die Ressourcen, die Entwicklungsmöglichkeiten lenken
• hypothetisch neue Wahlmöglichkeiten einführen und positive Erwartungen bezüglich der Zukunft erzeugen

Beispiele:

Zum Beginn
• Vorausgesetzt, dieses Gespräch (diese Maßnahme) hätte sich am Ende als nützlich erwiesen, woran werden Sie das merken?
• Was hätte sich verändert?
• Was würden Ihre Kollegen, was würde ich merken?
• Wenn ich Sie mit einer Videokamera filmen würde, was wäre zu sehen, was wäre zu hören?

Zum Problem
• Wie erklären Sie sich das Problem, woher kommt es?
• Wann war das letzte Mal, als das Problem nicht auftrat? Was war da anders?
• Was soll weiterhin so bleiben wie bisher?
• Wenn über Nacht ein Wunder geschähe und das Problem wäre verschwunden, was wäre anders? Woran würden Sie den Unterschied als erstes bemerken? Was wäre die beste/schlimmste Folge davon?
• Welche Funktion könnte das Problem in Ihrer ... haben?
• Was müsste passieren (... müssten Sie tun), damit das Problem noch schlimmer wird?

Zur Lösung
• Was haben Sie bisher alles getan, um das Problem aus eigener Kraft zu lösen?
• Was hat bisher am meisten etwas gebracht?
• Auf einer Skala von 1 bis 10 (100), wo stehen Sie jetzt und wie weit wollen Sie kommen?
• Wer kann am besten bei einer Lösung helfen?
• Glauben Sie, dass ich Ihnen helfen kann? Was könnte ich bestenfalls tun?
• Sollte sich das Problem als unlösbar erweisen, wer wird sich am leichtesten damit abfinden? Wer würde sich freuen? Wer wäre enttäuscht? Wer würde sich ärgern?

Zum Abschluss
• Was für ein Gefühl haben Sie bezogen auf die nächsten Schritte?
• Wann sollten wir uns wieder sprechen?
• Was soll auf jeden Fall zunächst nicht verändert werden?

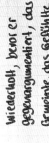

Zuhören üben

A → B
C = Beobachter

A+B diskutieren ein kontroverses Thema

A beginnt die Diskussion mit einem Statement

B wiederholt, bevor er gegenargumentiert, das Gemeinte, das Gefühlte

gegenseitig sofort – 5 Min. lang

Dann Rollentausch bis jeder einmal "C" war

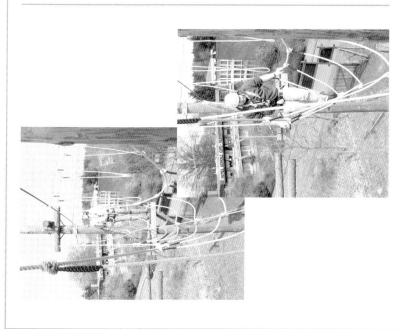

131

Lernpartner: Rückblick

C · D · H · T

- Wie zufrieden bin ich mit meinem eigenen Lernprozess im Hochseil-garten?

- Wie haben Sie mich als Coach dabei unterstützt?

- Womit haben Sie mich irritiert oder behindert?

- Welche Erfahrungen kann ich unter dem Strich als Coach in den Alltag mitnehmen?

Zeit: 40 Min.

Wieder auf den Boden kommen

Mein Coaching-Konzept

(für den Mitarbeiter, den ich vorgestern ausgewählt habe)

1 Ziel
↳ zunächst aus Ihrer Sicht
↳ s.a. Arbeitspapier "Ein Entwicklungsschritt"

2 Situation (Ist)
↳ Beobachtungen
↳ Vermutungen

3 Maßnahmen
↳ Mit welchen Fragen laden Sie ein?
↳ welche eigenen Ideen wollen Sie anbieten?

4 Kontakt
↳ Wie starten Sie das Coaching konkret?

Zuhören üben

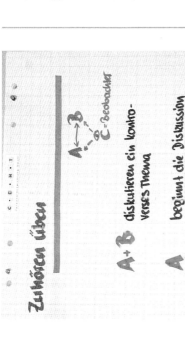

A → B, C = Beobachter

A + B diskutieren ein kontroverses Thema

A beginnt die Diskussion mit einem Statement

B wiederholt, bevor er gegenargumentiert, das Gemeinte, das Gefühlte

gegenseitig sofort - 5 Min. lang

Dann Rollentausch bis jeder einmal "C" war

BEISPIEL

Ein Entwicklungsschritt im Coaching
• Überprüfung, ob ich als Vorgesetzter dem Mitarbeiter offen und unvoreingenommen gegenübertreten kann. Störungen müssen ausgeräumt sein.
• Rückmeldung bezüglich der wahrgenommenen Situation oder Abweichung. Vorgesetzter und Mitarbeiter erreichen ein gegenseitiges Zielverständnis.
• Angleichung der unterschiedlichen Sichtweisen. Der Vorgesetzte nimmt die Wahrnehmungen des Mitarbeiters ebenso ernst wie seine eigenen.
• Herausarbeitung der Ursachen und Hemmnisse, die einer Veränderung entgegenstehen. Entwicklung von Veränderungsmotivation.
• Erarbeitung der Wege und Handlungsmöglichkeiten, um die Veränderung in Gang zu bringen.
• Vereinbarung der zu erreichenden Ziele.
• Vereinbarung des Betreuungsgrads, wie z.B. Anzahl der Treffen zu Beratung.

Je präziser Entwicklungsabsichten mit dem Mitarbeiter bestimmt sind, desto größer die Chancen, die neuen Verhaltensziele auch zu erreichen.
Schritt 1: Definieren Sie eine typische Situation, in der das Verhalten gezeigt werden soll.
Beispiel: Eine Führungskraft muss die Präsentation einer neuen Idee vor Mitgliedern der Geschäftsführung gestalten.
Schritt 2: Definieren Sie, was die Ziele in der Situation sind.
Beispiel: Die vorgetragenen Ideen sind so präzisiert, dass die Adressaten eine Entscheidung treffen können. Die Adressaten übernehmen die vorgetragenen Ideen. Die Glaubwürdigkeit des Präsentierenden wird insgesamt vor den Augen der Adressaten erhöht.
Schritt 3: Bestimmen Sie die einzelnen Fähigkeits-Dimensionen.
Beispiel: Verwendung der Worte und Sprache des Adressatenkreises; Demonstration hoher Fachkompetenz, ohne die Adressaten mit Wissenschaftlichkeit zu blenden; Einsatz visueller Hilfsmittel; selbstbehauptend konfrontieren können, ohne negative Gefühle beim anderen zu hinterlassen.

[Nach Stiefel, Personalentwicklung..., 1999]

1. Kamera-Ausstattungen

Minimum

- Chip mit Bildauflösung von 1200 x 600 Bildpunkten

- Zoom 2,5fach

- Blitz

Komfortabel

- Chip mit Bildauflösung von 2048 x 1536 Bildpunkten

- Zoom 3fach

- Blitz variabel in der Leitzahl

- Schwenkbares LCD-Display

Luxus

- Chip mit Bildauflösung ab 5 MegaPixel

- Zoom 6fach

- Blitzschuh für externen Blitz

- Video-Modus in Super-VHS-Qualität

TECHNIK

2. Bezugsquellen und Informationen

2.1. Kameras

Canon: www.canon.de
Epson: www.epson.de
Fuji: www.fuji.de
Kodak: www.kodak.de
Konika: www.konica-europe.de
Kyocera: www.kyocera.de
Leica: www.leica-camera.com
Maginon: www.supra-maginon.de
Nikon: www.nikon.de
Olympus: www.olympus.de
Ricoh: www.ricoh.de
Samsung: www.samsungcameras.de
Sony: www.sony.de
Toshiba: www.toshiba.de

2.2. Software

Links und Tipps: www.fotoprotokoll.com

ThumbsPlus 2002: Kelly Media AG, Puchheim, www.kellydata.de

IrfanView 3.17: Irfan Skiljan, Wien, www.irfanview.com

Gimp: www.gimp.de

ColorCast FX: www.mediachance.com

DC Enhancer: www.mediachance.com

Joe: http://lab1.de/cgi-bin/download.pl?joe-setup.exe

Paint Shop Pro: www.jasc.com

Photoshop: www.adobe.de/digitalimag/
main.html

2.3. Datenübertragung

Kartenleser: www.kmelektronik.de

Diskettenadapter:
www.olympus.de/consumer/digimg/home.cfm

Netzwerkkarten: www.kmelektronik.de
Sie brauchen eine Netzwerkkarte 10/100 MB/s
für den PC, eine PCMCIA-Netzwerkkarte 10/
100MB/s für den Laptop und ein Koax-BNC-Netz-
werkkabel

2.4. Speichermedien

CD-ROM zum Archivieren oder versenden.
Test-Datenbanken unter
    http://www.instantinfo.de/rohlinge
    http://www.vnunet.de/pc-pro/testzone
Speicherkarten: www.mueller-roesch.de

2.5. Sonstige Informationen

Digitalkameraportal:
    http://www.digitalkamera.de
Digital Camera in Education:
    http://drscavanaugh.org/digitalcamera/
Zum Thema Fotoprotokolle:
    http://www.fotoprotokoll.com

3. Fachbegriffe

▶ Auflösung

Mit der Auflösung wird einerseits definiert, aus wie vielen horizontalen und vertikalen Bildpunkten eine Aufnahme besteht. Je mehr Punkte, desto höher die Auflösung, desto besser das Bild. Andererseits gibt es einen Wert für die Auflösung, der die Ausgabegröße steuert: dpi (dots per inch). Digitale Bildschirme bringen auf einem Inch 72 oder 96 Bildpunkte unter, ein Schwarz-Weiß-Laserdrucker setzt normalerweise 300 bis 600 Bildpunkte pro Inch und ein fotorealistischer Tintenstrahl-Farbdrucker bringt pro Inch bis zu 2400 Pixel in der Horizontalen unter.

Entsprechend ändert sich die Ausgabegröße eines digitalen Fotos von 2048 Bildpunkten. Sie kann knapp 17 cm betragen bei 300 dpi, aber auch rund 72 cm bei 72 dpi. Dass das zweite Bild wesentlich gröber aussehen dürfte, kann sich wohl jeder vorstellen.

▶ Blende

Mechanik im Objektiv, mit der die einfallende Lichtmenge reguliert werden kann. Dazu bilden sich überlappende Lamellen eine mehr oder weniger große runde Öffnung in der Objektivmitte. Die (theoretische) Blendenöffnung 1 steht für völlig ungehinderten Lichteinfall, 2 steht für die Hälfte davon. Von Blendenöffnung zu Blendenöffnung wird mit jeder Stufe der Lichteinfall halbiert. Dies hat die gleiche Auswirkung wie eine Verdopplung der Lichtempfindlichkeit.

GLOSSAR

C. Badura: Fotoprotokolle. Seminare lebendig dokumentieren

Je größer der Blendenwert, desto mehr Tiefenschärfe hat ein Bild. Die Tiefenschärfe meint die Distanz,
von und bis zu der die Details im Foto scharf abgebildet werden. Sie ist bei völlig geöffneter Blende
klein und bei Blende 16 oder 22 sehr groß.

▶ Browser

Programm zum Betrachten von Web-Seiten, von
engl. »to browse«, dt.: schmökern, blättern, umher-
streifen. Bezeichnung für ein Programm zum grafi-
schen Zugriff auf das World Wide Web. Der Browser
stellt eine in der Seitenbeschreibungssprache HTML
verfasste Web-Seite dar, indem er die Tags interpre-
tiert und ausführt. Die bekanntesten Browser sind
Netscape Navigator (ursprünglich Mosaic) und Internet Explorer (MSIE). Die Funktionen eines Brow-
sers können durch Plugins erweitert werden. So
enthalten die gängigen Browser zum Beispiel eine
»Java Virtual Machine« (JVM), in der Java-Program-
me laufen können.

▶ Byte

Dt.: Binärbegriff – Byte ist die Bezeichnung für
eine Gruppe von acht Bits (Oktett). Da ein Byte
(abgekürzt: B) aus acht Bits (abgekürzt: b) besteht,
sind 2 hoch 8 oder 256 mögliche Zahlenwerte zwischen 0 und 255 darstellbar.

Um größere Mengen von Bytes darzustellen, werden
weitere Einheiten benutzt. Ein Kilobyte (KB) sind
1.024 Byte. Ein Megabyte (MB) sind 1.024 Kilobyte.
Ein Gigabyte (GB) entspricht 1.024 Megabyte oder
1.073.741.824 Byte. Ein Terabyte (TB) sind 1.024
Gigabyte, also rund eine Billion Bytes.

▶ CompactFlash-Speicherkarten

Meist verbreiteter Speicherkarten-Standard. Relativ günstig in der Anschaffung. Niedriger Stromverbrauch. Mechanisch robust. Alle Typen kompatibel mit entsprechenden PC- und Laptop-Adaptern.

▶ GIF

Abkürzung für »Graphics Interchange Format«, also Grafik Austausch Format. Neben JPEG das am weitesten verbreitete Format für Grafiken im Internet. Es bietet max. 256 Farben, also keine fotorealistische Darstellung.

▶ HTML

Die »HyperText Markup Language« ist die Seitenbeschreibungssprache (so etwas wie eine Programmiersprache) im World Wide Web. Sie entstand aus der Standard Generalized Markup Language (SGML), die seit Mitte der 80er Jahre existiert und weit umfangreicher ist als HTML.

▶ Interpolation

Bei der Interpolation werden fehlende Informationen aus vorhandenen errechnet. Dies ist beispielsweise bei der Bildverarbeitung nötig, wenn ein Bild vergößert oder seine Auflösung erhöht wird. Die für die hinzugekommenen Bildpunkte fehlenden Informationen (wie Farbwert und Helligkeit) werden aus den benachbarten vorhandenen Bildpunkten gemittelt.

▶ ISO

Abkürzung von »International Standards Organisation«. Wie DIN und ASA eine Einheit zur Angabe

GLOSSAR

der Lichtempfindlichkeit von Filmen. Sie wurde auch für Digitalkameras übernommen. Die Werte von ASA (American Standard Association) und ISO sind identisch. 100 ISO entsprechen einem 21-DIN-Film. 200 ISO sind entsprechend doppelt lichtempfindlich.

▶ JPG-Format

Beim JPG-Format (gesprochen »dschejpäck«) werden die Bilddateien komprimiert. Dabei stellt dieses Format einen ausgeklügelten Kompromiss zwischen Bildqualität und Dateigröße dar. Beim Speichern lässt sich die Qualität sogar in Prozentwerten vorgeben. Sie werden automatisch danach gefragt, wenn Sie ein neues JPG-Bild abspeichern (s. Abb. 74).

Achtung: Bei jedem neuen Speichervorgang tritt ein weiterer Qualitätsverlust ein.

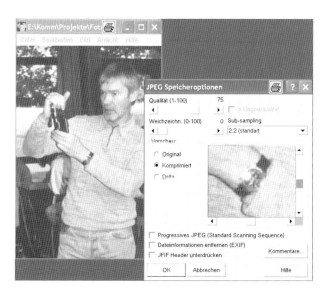

Abb. 74:
Die Dateiendung
ist .jpg

▶ LCD-Display

»LCD Liquid Crystal Display«: Flüssiges Kristall Display. Wurde 1968 durch RCA Laboratories entwickelt. LCDs funktionieren wie ein Lichtventil, es gestattet, Licht passieren zu lassen oder wird blockiert. Der Aufbau: eine Kombination von Elektronik, Optik und Chemikalien.

▶ Leitzahl

Sie gibt die Stärke eines Blitzgerätes an. Sie drückt das Verhältnis von Entfernung zum Motiv, Kamerablende und Filmempfindlichkeit aus. Ein Blitz mit der Leitzahl 11 benötigt bei einem Meter Abstand und einem 100-ISO-Film die Blende 11 für eine korrekte Belichtung. Bei der Verdopplung des Abstands muss die Blende halbiert werden: 5,6 bei 2 Metern.

▶ Memory Stick

Speicherkarten-Format der Firma Sony. Deshalb derzeit nur in Sony-Digitalkameras bzw. in Sony Produkten einsetzbar. Leicht und robust, aber verhältnismäßig teuer. Adapter für Laptops und Floppy-Disks erhältlich.

▶ Microdrive

Miniaturfestplatte von IBM im CompactFlash-II-Format. Hohe Speicherkapazität und schnelle Datenübertragung. Digitalkameras müssen speziell geeignet sein.

▶ Multimedia-Card

Gegenwärtig noch wenig verbreitete Wechselspeicherkarte. Weitgehende Ähnlichkeiten mit dem

GLOSSAR

C. Badura: Fotoprotokolle. Seminare lebendig dokumentieren

SmartMedia-Standard, jedoch von der Bauform kleiner.

▶ PCMCIA-Karte

Abkürzung für »Personal Computer Memory Card International Association«. Dieser Begriff beschreibt einen Standard für Erweiterungskarten für mobile Computer, die anfangs überwiegend als mobile Datenspeicher dienten. Derzeit sind aber auch Modems, Netzwerkkarten und andere Anwendungen mit diesen Karten realisiert worden. Sie arbeiten stromsparend und unterstützten Plug and Play, sind also im laufenden Betrieb wechselbar.

▶ Pixel

Einzelne Bildpunkte, aus denen sich ein digitales Foto zusammensetzt. Im Ausdruck Megapixel steht die Silbe Mega für »Million«. Eine Zwei-Mega-Pixel-Kamera schafft eine Auflösung von 1600 x 1200 (= 1.920.000) Bildpunkten.

▶ SmartMedia-Speicherkarten

Weit verbreiteter Speicherkarten-Standard. Smart-Media-Karten verzichten auf einen eingebauten Controller (Speicherverwaltungsbaustein), sind deshalb kostengünstiger in der Produktion, flacher und leichter. Da die Speicherverwaltung in der Kamera stattfindet, muss die interne Kamerasoftware (Firmware) auf die Speichergröße der Karte ausgelegt sein. PC-, Laptop- und Floppy-Disk-Adapter sind erhältlich.

GLOSSAR

▶ USB

»Universal Serial Bus«, dt.: universeller, serieller (Daten-)Bus. Der Universal Serial Bus ist ein Anschluss (Port) für periphere Geräte (wie Maus, Modem, Drucker, Tastatur, Scanner) an den Computer. Bis zu 127 Geräte können an einen einzigen USB-Port angeschlossen werden.

Peripherie-Geräte können an den USB sogar bei laufendem Computer-Betrieb angeschlossen und sofort genutzt werden. Der Rechner braucht nicht zuvor erst neu konfiguriert und gestartet zu werden („Plug and Play").

▶ Zip file

Komprimierte Datei: Zip ist ein Format, das sehr häufig beim Komprimieren von Dateien verwendet wird. Zip Dateien sind also Dateien im Zip-Format. Man erkennt sie an der Dateiendung (.zip). Um Dateien ins Zip-Format umwandeln zu können, braucht man spezielle Programme (z.B. WinZip).

GLOSSAR

C. Badura: Fotoprotokolle. Seminare lebendig dokumentieren

4. Marktübersicht Digitalkameras

Die Marktübersicht ist in drei Teile gegliedert: Kameras mit zwei, drei und vier Megapixeln Auflösung. Aufgenommen worden sind nur Kameras, die mit optischem Sucher und LCD-Display, welches als Sucher genutzt werden kann, ausgestattet sind. Die Preisgrenze für Kameras der zwei-Megapixel-Klasse liegt in der Übersicht bei 500,- EUR, bei Kameras mit drei und vier Megapixeln Auflösung bei 1.000,- EUR.

4.1. Erläuterung zu einigen Produkteigenschaften

Brennweite: Bei Digitalkameras werden die Brennweiten dem üblichen 35mm-Kleinbildformat entsprechend angegeben. So stehen beispielsweise 32mm für ein Weitwinkelformat und 110mm für ein Teleobjektiv, obwohl die tatsächlichen Brennweiten andere sind.

Zoom: Die Zoomleistung zeigt an, mit welchem Faktor die Kamera entfernte Motive vergrößern – heranholen – kann. Lediglich beim Einsatz des optischen Zooms lassen sich Motive ohne Qualitätsverlust abbilden, der digitale Zoom hingegen rechnet per Interpolations-Algorithmus Bildpunkte hinzu.

Lichtempfindlichkeit: Beim »normalen« Fotografieren ist für die Lichtempfindlichkeit der verwendete Film entscheidend. Bei manchen Digitalkame-

ras lässt sich die Lichtempfindlichkeit aber auch verändern. Eine höhere Lichtempfindlichkeit bedeutet allerdings auch erhöhten Stromverbrauch.

Speicher: Die aufgenommenen Bilder müssen gespeichert werden. Dazu dient einerseits der in die Kamera integrierte interne Flashspeicher, zum anderen auswechselbare Speichermedien. Da diese Wechselmedien nicht ganz billig sind, sollte auf die Kapazität des mitgelieferten Speichers geachtet werden.

Akkuleistung: Wie das Mobiltelefon muss auch der Akku bzw. die Batterie der Digitalkamera von Zeit zu Zeit aufgeladen werden. Für den Anwender ist es wichtig zu wissen, wie viele Aufnahmen pro Akkuladung möglich sind. Daher ist diese Produkteigenschaft in die Tabelle aufgenommen worden. Viele Hersteller machen dazu allerdings keine Angabe. Die Begründung: Der Stromverbrauch hänge von so vielen Einzelheiten ab, dass eine allgemein gültige Angabe nicht möglich sei.

Gewicht: Das Gewicht der Kameras geben die Hersteller mit oder ohne Batterie/Akku an. Die Differenz ist abhängig von der Art der Batterie und beträgt im allgemeinen zwischen 30 und 90 Gramm.

C. Badura: Fotoprotokolle. Seminare lebendig dokumentieren

4.2. Systematik Marktübersicht

Jede nachfolgende Seite der Marktübersicht führt in
der linken Spalte einen Nummernkatalog, hinter
dem sich folgende Angaben verbergen:

1	Hersteller
2	Modell
3	Internetadresse
4	Preisempfehlung
5	Maximale Auflösung in Pixeln
6	Leistungsfähigkeit des Sensors
7	Zoom optisch, digital
8	Brennweite, verglichen mit einer 35mm-Kamera
9	Lichtempfindlichkeit in ISO
10	Blitzeinstellungen
11	Anzahl Bilder pro Batterie/ Akkufüllung
12	Flash-Speicher intern
13	Wechselspeicher
14	Mitgelieferte MB
15	Schwenkbares Display
16	Anzahl Motivprogramme
17	Gewicht

Bitte beachten Sie: Diese Marktübersicht beruht
auf dem Stand Juli 2002. Da die technische Entwicklung auf dem Markt der Digitalkameras äußerst
rasant ist, wird diese Übersicht bereits in wenigen
Wochen überholt sein. Sie soll Ihnen lediglich An-
haltspunkte liefern, wie Sie unterschiedliche Pro-
dukte vergleichbar machen können.

1	**Canon**	**Maginon**
2	*PowerShot A40*	*DC-2350*
3	www.canon.de	www.supra-maginon.de
4	430,- Euro	299,- Euro
5	1.660 x 1.200	1.600 x 1.200
6	2 Mio.	2,11 Mio.
7	3-fach, 2,5-fach	3-fach, 2-fach
8	35 – 105 mm	35 – 105 mm
9	ISO 50/100/200/400	automatisch/manuell ISO 100, 200, 400
10	Automatik, Vorblitz, Aufhellblitz, Zwangs-blitz, Langzeitsynchronisation, Aus	Automatik, Aufhellblitz, Vorblitz, Aus
11	bis ca. 200 Aufnahmen mit LCD, 500 ohne LCD	k. A.
12	Pufferspeicher vorhanden	k. A.
13	Compact Flash Typ I	Compact Flash Typ I, keine Karte mitgeliefert
14	8 MB mitgeliefert	8 MB
15	nein	nein
16	4	0
17	340 g m. B.	323 g m. B.

1	**Fujifilm**	**Minolta**
2	*FinePix 2600 Zoom*	*Dimage E203*
3	www.fujifilm.de	www.minoltaeurope.com
4	459,- Euro	562,- Euro
5	1.600 x 1.200	1.600 x 1.200
6	2,11 Mio.	2 Mio.
7	3-fach, 2,5-fach	3-fach, 2-fach
8	38 – 114 mm	35 – 105 mm
9	ISO 100	ISO 100
10	Automatik, Vorblitz, ein/aus	Automatik, Vorblitz, Nachtportait, Aus
11	300 Aufnahmen im Standard-Modus ohne LCD, Blitz bei 50 % der Aufnahmen; 6.000 Aufnahmen in Folge ohne LCD/Blitz	500
12	nein	k. A.
13	SmartMedia	MultiMediaCard
14	16 MB	8 MB, 32 MB
15	nein	nein
16	keine	3 (Landschaft, Nachtportrait, Makro)
17	257 g m. B.	175 g o. B.

C. Badura: Fotoprotokolle. Seminare lebendig dokumentieren

1	**Olympus**	**Panasonic**
2	*C-220 Zoom*	*Lumix DMC-F7*
3	www.olympus-europa.com	www.panasonic.de
4	299,- Euro	500,- Euro
5	1.600 x 1.200	1.600 x 1.200
6	2,11 Mio.	2,11 Mio.
7	3-fach, 2,5-fach	2-fach, 2-fach
8	38 – 114 mm	35 – 70 mm
9	automatisch ISO 80 - 160	automatisch/manuell ISO 100, 200, 400
10	Automatik, Vorblitz, Langzeitsynchronisation, Aus	Automatik, Vorblitz, Aus
11	k. A.	100 Bilder mit LCD
12	nein	nein
13	SmartMedia	MultiMedia Card
14	8 MB	8 MB
15	ja	nein
16	0	4
17	174 g o. B.	180 g m. B., 150 g o. B.

1	**Panasonic**	**Pentax**
2	*Lumix DMC-LC20*	*Optio 230*
3	www.panasonic.de	www.pentax.de
4	400,- Euro	400,- Euro
5	1.600 x 1.200	1.600 x 1.210
6	2,1 Mio.	2,11 Mio.
7	3-fach, 2-fach	3-fach, 2,5-fach
8	35 – 105 mm	38 – 114 mm
9	automatisch/manuell ISO 100, 200, 400	automatisch/manuell ISO 100, 200
10	Automatik, Vorblitz, Aus	Automatik, Vorblitz, Aus
11	100 Bilder mit LCD	k. A.
12	nein	nein
13	SD Secure Digital bzw. MultiMedia Card	CompactFlash Typ I
14	8 MB	16 MB
15	nein	Ja (180 Grad)
16	0	0
17	250 g m. B., 195 g o. B.	230 g m. B., 180 g o. B.

	Samsung	Canon
1	**Samsung**	**Canon**
2	*Digimax 230*	*PowerShot S30*
3	www.samsungcameras.de	www.canon.de
4	329,- Euro	850,- Euro
5	1.600 x 1.200	2.048 x 1.536
6	2,1 Mio.	3,34 Mio.
7	3-fach, 2-fach	3-fach, 3,2-fach
8	33 – 100 mm	35-105 mm
9	automatisch/	automatisch: ISO 50-100,
	manuell: ISO 200, 400	manuell: ISO 50/100/200/400
10	Automatik, Aufhellblitz, Vorblitz,	Automatik, Vorblitz, Zwangsblitz, Langzeitsynchroni-
	Aus	sation, Aus
11	k. A.	160 mit LCD, 390 ohne LCD, 150 Min.
		Dauerbetrieb
12	nein	Pufferspeicher vorhanden
13	CompactFlash Typ I	CompactFlash Typ II
14	16 MB	16 MB
15	nein	nein
16	keine	13
17	300 g m. B.	260 g o. B.

	Sony	Hewlett Packard
1	**Sony**	**Hewlett Packard**
2	DSC-P51	PhotoSmart 715
3	www.sony.de	www.hp.com/de
4	400,- Euro	555,- Euro
5	1.600 x 1.200	2.048 x 1.536
6	2,1 Mio.	3,34 Mio.
7	2-fach, 6-fach	3-fach, 2-fach
8	41 – 82 mm	34-102 mm
9	automatisch/manuell 100, 200, 400	ISO 100
10	Automatik, Vorblitz, Aus	Automatik, Vorblitz, Zwangsblitz, Aus
11	ca. 3.600 Bilder bzw. 3 Std. Betriebszeit	k. A.
12	nein	nein
13	Memory Stick	CompactFlash Typ I
14	16 MB	16 MB
15	nein	nein
16	3	1
17	218 g o. B.	310 g o. B.

MARKT

1	**Kodak**	**Kyocera**
2	*Easy Share DX 3900 Zoom*	*Finecam S3x*
3	www.kodak.de	www.kyocera.de
4	499,- Euro	599,- Euro
5	2.160 x 1.440	2.048 x 1.536
6	3,34 Mio.	3,34 Mio.
7	2-fach, 3-fach	3-fach, 2-fach
8	35-70 mm	35-105 mm
9	automatisch/manuell 100, 200, 400	automatisch/manuell: ISO 100, 200, 400
10	Automatik, Aufhellblitz, Vorblitz, Aus	Automatik, Vorblitz, Zwangsblitz, Aus
11	k. A.	100 mit LCD und 50% Blitznutzung
12	nein	nein
13	CompactFlash Typ I	SD Secure Digital Card
14	8 MB	16 MB
15	nein	nein
16	keine	keine
17	290 g m. B., 225 g o. B.	203 g m. B., 175 g o. B.

1	**Konica**	**Maginon**
2	*Digital Revio KD-300Z*	*SX330Z*
3	www.konica-europe.de	www.supra-maginon.de
4	499,- Euro	379,- Euro
5	2.048 x 1.536	2.048 x 1.536
6	3,34 Mio.	3,3 Mio.
7	2-fach, 2-fach	3-fach, 2-fach
8	38-76 mm	38-114 mm
9	automatisch/manuell ISO 100, 200, 400	ISO 100
10	Automatik, Vorblitz, Aus	Automatik, Aufhellblitz, Vorblitz, Aus
11	140 mit LCD, 170 ohne LCD, 50 Bilder bei fortlaufender Wiedergabe	k. A.
12	nein	nein
13	MultiMedia Card	CompactFlash Typ I
14	16 MB	8 MB
15	nein	nein
16	2	0
17	165 g o. B.	369 g m. B., 280 g o. B.

1	**Nikon**	**Ricoh**
2	*Coolpix 885*	*RDCi 500*
3	www.nikon.de	www.ricoh-europe.com
4	650,- Euro	800,- Euro
5	2.048 x 1.536	2.048 x 1.536
6	3,37 Mio.	3,34 Mio.
7	3-fach, 4-fach	3-fach, 3,2-fach
8	38-114 mm	35 – 105 mm
9	automatisch/manuell: ISO 100, 200, 400	automatisch ISO 150, manuell ISO 200, 400, 800
10	Automatik, Vorblitz, Aufhellblitz, Aus	Automatik, Vorblitz, Zwangsblitz, Aus
11	90 Minuten Dauerbetrieb bei 20 Grad Celsius	50 Min. Dauerbetrieb
12	ja	8 MB
13	CompactFlash Typ I	CompactFlash Typ II
14	16 MB	Nicht mitgeliefert
15	nein	ja
16	14	keine
17	235 g o. B.	295 g m. B.

1	**Olympus**	**Samsung**
2	*C-720 Ultrazoom*	*Digimax 340*
3	www.olympus-europa.com	www.samsungcameras.de
4	649,- Euro	449,- Euro
5	2.048 x 1.536	2.048 x 1.536
6	3,34 Mio.	3,3 Mio.
7	8-fach, 3-fach	3-fach, 2-fach
8	40 - 320 mm	38 – 114 mm
9	manuell/automatisch ISO 100, 200, 400	automatisch/manuell ISO 200, 400
10	Automatik, Vorblitz, Zwangsblitz, Langzeitsynchronisation, Aus	Automatik, Aufhellblitz, Vorblitz, Aus
11	k. A.	k. A.
12	nein	nein
13	SmartMedia Karte	CompactFlash Typ I
14	16 MB	16 MB
15	nein	nein
16	4	keine
17	315 g o. B.	340 g m. B.

MARKT

1	Samsung	Sony
2	*350 SE*	*DSC-P71*
3	www.samsungcameras.de	www.sony.de
4	549,- Euro	550,- Euro
5	2.048 x 1.536	2.048 x 1.536
6	3,3 Mio. physikalisch	3,3 Mio.
7	3-fach, 2-fach	3-fach, 6-fach
8	34 – 102 mm	39 –117 mm
9	automatisch/manuell ISO 100, 200, 400	automatisch/manuell ISO 100, 200, 400
10	Automatik, Aufhellblitz, Vorblitz, Aus	Automatik, Vorblitz, Aus
11	k. A.	2.400 Bilder, 2 Std. Dauerbetrieb
12	nein	nein
13	CompactFlash Typ I	Memory Stick
14	16 MB	16 MB
15	nein	nein
16	keine	3
17	345 g m. B.	226 g o. B.

1	Sony	Toshiba
2	*DSC-P7*	*PDR-M71*
3	www.sony.de	www.toshiba.de
4	750,- Euro	850,- Euro
5	2.272 x 1.704	2.048 x 1.536
6	3,34 Mio.	3,34 Mio.
7	3-fach, 6-fach	3-fach, 2,2-fach
8	39 – 117 mm	35 – 98 mm
9	automatisch/manuell ISO 100, 200, 400	automatisch/manuell ISO 100, 200, 400
10	Automatik, Vorblitz, Aus	Automatik, Vorblitz, Aufhellblitz, Langzeitsynchronisation, Aus
11	1.800 Aufnahmen, 90 Min. Dauerbetrieb	k. A.
12	nein	16 MB
13	Memory Stick	SmartMedia Card
14	16 MB	0 MB
15	nein	nein
16	3	4
17	177 g o. B.	322 g m. B. 240 g o. B.

MARKT

1	**Toshiba**	**Canon**
2	*M3310*	*Powershot S40*
3	www.toshiba.de	www.canon.de
4	749,- Euro	1.000,- Euro
5	2.048 x 1.536	2.272 x 1.704
6	3,2 Mio.	4,13 Mio.
7	3-fach, 3-fach	3-fach, 3,6-fach
8	35 –105 mm	35-105 mm
9	automatisch/manuell ISO 100, 200, 400	automatisch: ISO 50-100, manuell: ISO 50, 100, 200, 400, 800
10	Automatik, Vorblitz, Aufhellblitz, Langzeitsynchronisation, Aus	Automatik, Vorblitz, Zwangsblitz, Langzeitsynchronisation
11	100 Bilder, 50% Blitznutzung, mit LCD	180 mit, 420 ohne LCD, 150 Min. Dauerbetrieb
12	nein	Pufferspeicher vorhanden
13	SD Memory Card	CompactFlash Typ II
14	16 MB	16 MB
15	nein	nein
16	keine	13
17	175 g m. B., 170 g o. B.	260 g o. B.

1		**Hewlett Packard**
2		*PhotoSmart 812*
3		www.hp.com/de
4		699,- Euro
5		2.384 x 1.734
6		4,13 Mio.
7		3-fach, 7-fach
8		37 – 111 mm
9		manuell/automatisch ISO 100, 200
10		Automatik, Vorblitz, Aus
11		k. A.
12		nein
13		SD Secure Digital Karte
14		16 MB
15		nein
16		1
17		200 g o. B.

MARKT

C. Badura: Fotoprotokolle. Seminare lebendig dokumentieren

1	**Jenoptik**		**Konica**
2	*JD 4100 z3*		*KD-400Z*
3	www.jenoptik-camera.com		www.konica-europe.de
4	499,- Euro		649,- Euro
5	2.272 x 1.704		1.304 x 1.704
6	4,13 Mio.		4,13 Mio.
7	3-fach, 2-fach		3-fach, 2-fach
8	38-114 mm		39 – 117 mm
9	ISO 100		automatisch/manuell ISO 100, 200
10	Automatik, Vorblitz, Zwangsblitz, Aus		Automatik, Vorblitz, Aus
11	k. A.		k. A.
12	nein		2 MB
13	CompactFlash Typ I		Memory Stick, SD-Card
14	16 MB		16 MB SD-Card
15	nein		nein
16	keine		keine
17	280 g o. B.		198 g o. B.

1	**Kodak**		**Kyocera**
2	*Easy Share DX4900 Zoom*		*Finecam S4*
3	www.kodak.de		www.kyocera.de
4	650,- Euro		699,- Euro
5	2.448 x 1.632		2.272 x 1.704
6	4 Mio.		4,13 Mio.
7	2-fach, 3-fach, auch für Objektiv mit 37 oder 43 mm		3-fach, 2-fach
8	35-70 mm		35-105 mm
9	automatisch/manuell 100, 200, 400		automatisch/manuell ISO 100, 200, 400
10	Automatik, Aufhellblitz, Vorblitz, Aus		Automatik, Vorblitz, Zwangsblitz, Aus
11	k. A.		100 mit LCD, 50% Blitznutzung
12	nein		nein
13	CompactFlash Typ I		SD Secure Digital Card
14	16 MB		16 MB
15	nein		nein
16	keine		keine
17	290 g m. B., 225 g o. B.		203 g m. B., 175 g o. B.

MARKT

#		
1	**Maginon**	**Minolta**
2	*SX410Z*	*DiMAGE S404*
3	www.supra-maginon.de	www.minoltaeurope.com
4	449,- Euro	697,- Euro
5	2.272 x 1.704	2.272 x 1.704
6	4,13 Mio.	4 Mio.
7	3-fach, 2-fach	4-fach, 2,2-fach
8	38-114 mm	35-140 mm
9	ISO 100	optischer Sucher und LCD-Display
		automatisch/manuell: ISO 64, 100, 200, 400
10	Automatik, Aufhellblitz, Vorblitz, Aus	Automatik, Vorblitz, Aufhellblitz, Aus
11	k. A.	150 mit LCD, 50% Blitznutzung
12	nein	32 MB
13	CompactFlash Typ I	CompactFlash Typ I
14	16 MB	16 MB
15	nein	nein
16	0	5, auch Text
17	369 g m. B., 280 g o. B.	335 g o. B.

#		
1	**Minolta**	**Nikon**
2	*DiMAGE F100*	*Coolpix 4500*
3	www.minoltaeurope.com	www.nikon.de
4	799,- Euro	900,- Euro
5	2.272 x 1.704	2.272 x 1.704
6	3,95 Mio.	4 Mio.
7	3-fach, 2,5-fach	4-fach, 4-fach digital
8	38-114 mm	38-155 mm
9	automatisch/manuell: ISO 100, 200, 400, 800	automatisch/manuell ISO 100, 200, 400, 800
10	Automatik, Vorblitz, Aufhellblitz, Aus, Langzeitsynchronisation	Automatik, Vorblitz, Aufhellblitz, Aus
11	k. A.	100 Minuten Dauerbetrieb mit LCD, Zoom, Blitz bei 1/3 der Aufnahmen und max. Auflösung
12	k. A.	ja
13	SD/MMC-Karte (Secure Digital bzw. MultiMediaCard)	CompactFlash Typ I und II, Microdrive
14	16 MB	16 MB
15	nein	nein, Objektiv mit Blitz ja
16	6	16
17	245 g m. B.	360 g ohne B.

MARKT

1	**Olympus**	1	**Panasonic**
2	*C-4000 Zoom*	2	*Lumix DMC-LC5*
3	www.olympus-europa.com	3	www.panasonic.de
4	649,- Euro	4	1.000,- Euro
5	2.288 x 1.712	5	2.240 x 1.680
6	4 Mio.	6	4 Mio.
7	3-fach, 3,5-fach	7	3-fach, 2-fach
8	32 - 96 mm	8	35 – 100 mm
9	automatisch/manuell ISO 100, 200, 400	9	automatisch ISO 100, 200, 400
10	Automatik, Vorblitz, Zwangsblitz, Langzeitsynchronisation, Aus	10	Automatik, Vorblitz, Aus
11	k. A.	11	240
12	nein	12	nein
13	SmartMedia Karte	13	SD-Karte, MultiMediaCard
14	16 MB	14	16 MB
15	nein	15	nein
16	6	16	4
17	295 g o. B.	17	450 g m. B., 360 g o. B.

1	**Panasonic**	1	**Pentax**
2	*Lumix DMC-LC40*	2	*Optio 430RS*
3	www.panasonic.de	3	www.pentax.de
4	800,- Euro	4	700,- Euro
5	2.240 x 1.680	5	1.600 x 1.210
6	4 Mio.	6	4,13 Mio.
7	3-fach, 2-fach	7	3-fach, 2-fach
8	35 – 100 mm	8	37,5 – 112,5 mm
9	Automatik ISO 100, 200, 400	9	manuell/automatisch ISO 100, 200
10	Automatik, Vorblitz, Aus	10	Automatik, Vorblitz, Aus
11	300 mit LCD	11	250
12	nein	12	11 MB
13	SD-Karte, MultiMediaCard	13	Compact Flash Typ I
14	16 MB	14	nicht mitgeliefert
15	nein	15	nein
16	4	16	0
17	410 g m. B., 320 g o. B.	17	235 g m. B., 200 g o. B.

MARKT

	Ricoh	Samsung
1	**Ricoh**	**Samsung**
2	*Caplio RR1*	*410*
3	www.ricoh-europe.com	www.samsungcameras.de
4	800,- Euro	599,- Euro
5	2.272 x 1.704	2.272 x 1.704
6	4 Mio.	4,1 Mio.
7	3-fach, 3-fach	3-fach, 2-fach
8	35 – 105 mm	34 – 102 mm
9	manuell/automatisch ISO 200, 400, 800	automatisch/manuell ISO 200, 400
10	Automatik, Vorblitz, Zwangsblitz	Automatik, Aufhellblitz, Vorblitz, Aus
11	50 Min. Dauerbetrieb	k. A.
12	8 MB	nein
13	Smartmedia Karte	CompactFlash Typ I
14	64 MB mitgeliefert	16 MB
15	ja	nein
16	k. A.	keine
17	270 g o. B.	345 g m. B.

	Rollei	Sanyo
1	**Rollei**	**Sanyo**
2	*d41 com*	*VPC-AZ1*
3	www.rollei.de	www.sanyo.de
4	499,- Euro	799,- Euro
5	2.272 x 1.704	2.880 x 2.160
6	4,1 Mio.	4,13 Mio.
7	3-fach, 2-fach	2,8-fach, 4-fach
8	38 – 114 mm	7,25 – 20,3 mm
9	ISO 100	manuell/automatisch ISO 100, 200, 400
10	Automatisch, Vorblitz, fill-in, aus	Automatik, Zwangsblitz, Vorblitz, aus
11	2 Stunden Dauerbetrieb	50 bis 100 mit LCD
12	nein	nein
13	CompactFlash Typ I	Compact Flash Typ II, 1 GB Microdrive kompatibel
14	16 MB	16 MB
15	nein	nein
16	keine	3 eingestellt, 2 benutzerdefiniert
17	370 g m. B., 280 g o. B.	230 g o. B.

160

1   **Sony**
2   *DSC-P9*
3   www.sony.de
4   850,- Euro
5   2.272 x 1.704
6   4,13 Mio.
7   3-fach optisch, 6-fach
8   39 – 117 mm
9   manuell/automatisch ISO 100, 200, 400
10   Automatik Vorblitz, Aus
11   1.800 Bilder, 90 Min. Dauerbetrieb
12   nein
13   Memory Stick
14   16 MB
15   nein
16   3
17   176,5 g o. B.

1   **Sony**
2   *DSC-S85*
3   www.sony.de
4   900,- Euro
5   2.272 x 1.704
6   4,13 Mio.
7   3-fach optisch, 6-fach
8   34 – 102 mm
9   automatisch/manuell ISO 100, 200, 400
10   Automatik Vorblitz, Aus
11   3.000 Bilder, 180 Min. Dauerbetrieb
12   nein
13   Memory Stick
14   16 MB
15   nein
16   3
17   352 g o. B.

MARKT

Weitere Titel aus der Edition Neuland

Udo Kreggenfeld
Direkt im Dialog
2002, 256 S., kt., 24,90 EUR
ISBN 3-931488-90-X

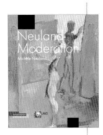

Michèle Neuland
Neuland-Moderation
4. Aufl. 2002,
318 S., geb., 49,90 EUR
ISBN 3-931488-27-6

Gerd Ripp
**Zaubertraining –
Trainingszauber**
2000, 112 S., kt., 29,00 EUR
ISBN 3-931488-38-1

Victor Bataillard
Die Pinwand-Technik
3. Aufl. 2000,
95 S., kt., 17,00 EUR
ISBN 3-931488-04-7

Michael Tosch
Besprechungen moderieren
3. Aufl. 2002,
78 S., kt., 17,00 EUR
ISBN 3-931488-57-8

Gressmann, Imdahl, Jehn
**Präsentation mit
elektronischen Medien**
1999, 172 S., kt., 19,90 EUR
ISBN 3-931488-25-x